Handbuch
Alte Thüringische, Preußische, Sächsische und Mecklenburgische Maße und ihre Umrechung

Für Heimatforscher, Chronisten und Behörden

gesammelt und bearbeitet
von
Werner und Harald Rockstuhl

Verlag Rockstuhl

Impressum
Herausgegeben von Harald Rockstuhl

Umschlaggestaltung:
EGLITHO Werbetechnik GmbH Erfurt

1. Auflage 1997

Satz: Verlag Rockstuhl, Bad Langensalza
Filmherstellung: EGLITHO Werbetechnik GmbH Erfurt
Druck: Druckhaus „Thomas Müntzer" Bad Langensalza
Lektoren: Katharina Jauch und Kathrin Störzner, Erfurt

ISBN 3-929000-94-6

Verlag Rockstuhl
Lange Brüdergasse 12
99947 Bad Langensalza
Telefon: 03603 / 812246 Telefax: 03603 / 812247
Internet: http://**www.th-online.de/firmen/verlag-rockstuhl**

Inhaltsverzeichnis

Alte Langensalzaer und Mühlhäuser Getreidemaße. Oben links ist ein Mühlhäu-
ser Getreidemaß als 1/2 preußisches Scheffel mit der Aufschrift: „A. A. Hirt 1846
AUF MÜHLHAUSEN" mit einem aufgebrannten preußischen Adler zu sehen.
Alle anderen sind Langensalzaer Maße, ebenfalls mit eingebranntem preußischen
Adler. Oben rechts 1/2 preußisches Scheffel, auf dem eingebrannt zu lesen ist: „1/2
L.-SALZA 1816"; links unten 1/2 preußische Metze, eingebrannt: „1/2"; in der
Mitte 1/4 preußische Scheffel, eingebrannt: „1/4 LANGENSALZA"; unten rechts
ein 1/16 preußische Scheffel, eingebrannt: „1/16 L-SALZA 1816".
Fundus Heimatmuseum Bad Langensalza / Foto: Harald Rockstuhl 1997

Vorwort

Wir schreiben das Jahr 1844. In einem Gasthaus im „Grenzgebiet" sitzen vier Bauern zusammen und unterhalten sich über ihre Landwirtschaft. Der Wirt kannte alle vier sehr gut. Als man nun in der Runde ein Maß Bier bestellte, machte der Wirt sich einen Spaß und stellte jedem **sein** Maß hin. Dabei erhielt der Gothaer Bauer einen Krug mit 0,9 Liter, der Langensalzaer einen mit 1,1 Liter und der Nordhäuser eine 2,2-Liter-Kanne. Am besten schnitt der Bauer aus Dornburg ab; er bekam eine Kanne mit 11,4 Liter Inhalt.

Aber die Vier hatten auch noch andere Schwierigkeiten zu bewältigen. Vor allem, wenn sie über ihre Ernteerträge sprachen. So hatte ein Nordhäuser Acker 0,27 ha, der Acker in Langensalza 0,255 ha und der Acker im Gothaischen 0,227 ha. Ein hinzukommender Herbslebener dachte, er hätte den besseren Boden und auch die höchsten Erträge. Aber seine Rechnung ging nicht auf, denn sein Acker maß nur 0,17 ha. Wäre noch ein Bauer aus Camburg in die Runde gekommen, dann hätte er die höchsten Erträge aufzuweisen: sein Acker hatte eine Fläche von immerhin 0,64 ha.

Erstaunlicherweise sind die alten Maße von Land zu Land sehr unterschiedlich, obwohl die Altvorderen sie doch ständig bei sich trugen. Der Abstand von Ellenbogen bis zur Fingerspitze war die Elle, die Länge des Fußes war der Fuß, die Schrittlänge entsprach der Größe des Schrittes und vieles mehr...

Irgendwann wurde für das eigene Land, für die Gemeinde sowie für die Grundherren ein Maß festgelegt und für die Öffentlichkeit am Rathaus angeschlagen.

Es ließen sich noch viele Beispiele anführen, über die ein Heimatforscher und Chronist „stolpern" kann. Aber nicht nur sie. Auch unsere Behörden müssen sich noch damit herumschlagen. So mancher Federfuchser steht dann mit seinem Amtsdeutsch dumm da: „Mit den Währungsverhältnissen fange ich erst gar nicht erst an, denn das hatten die Landesfürsten schon damals nicht so recht im Griff."

Wir wollten mit diesem Handbuch ein Instrument schaffen, das die Chronisten und Heimatforscher in die Lage versetzt, verschiedene alte Maße heute zu verstehen und anzuwenden.

Tüngeda, zu Ostern 1997   Werner Rockstuhl

Deutschland –
in der ersten Hälfte des vorigen Jahrhunderts

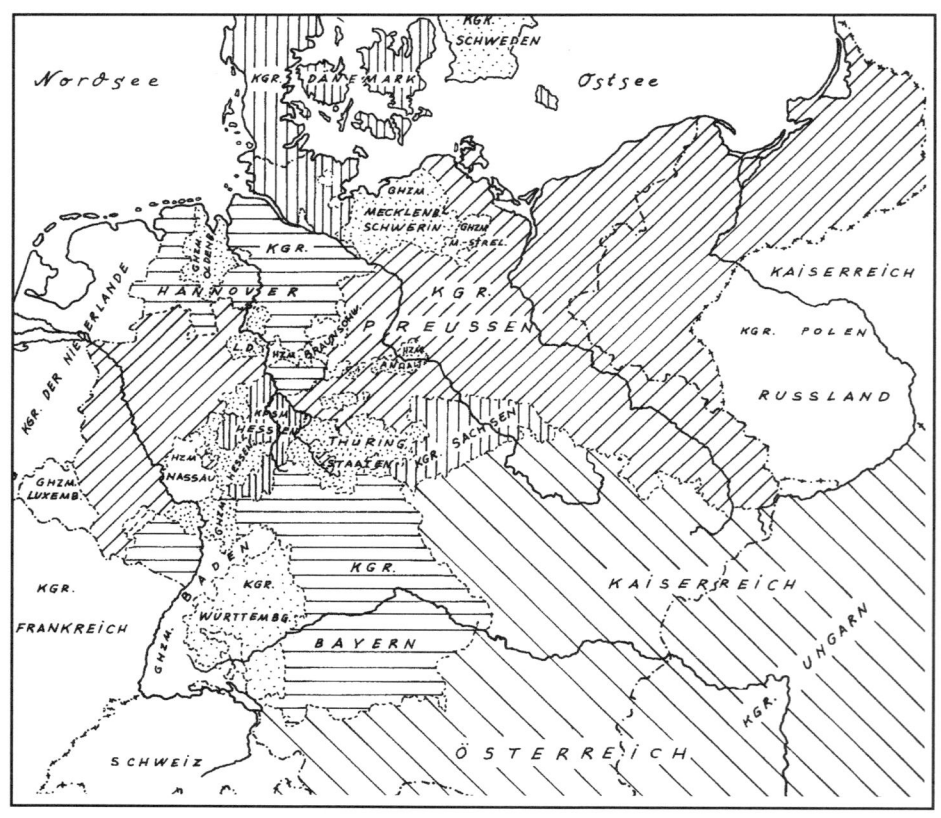

(c) Zeichnung Günter Fromm 1972

—·—·— *Grenze des Deutschen Bundes*   +·+·+ *Staatsgrenze*   ----- *Grenzen der Kleinstaaten*
KGR. = *Königreich*   **GHZM.** = *Großherzogtum*   **HZM.** = *Herzogtum*   **FSM.** = *FÜRSTENTUM*

Zum Geleit

Mit der Schaffung des Deutschen Reiches im Jahre 1871 war eine Reform des Maßsystems in Deutschland fällig geworden. Nach langer Vorbereitung wurden nach der Einführung einheitlicher Maße und Gewichte in Deutschland am 1. Januar 1872 auch in Thüringen amtliche Umrechnungssätze festgelegt.

Suchhinweis: Alle Ortschaften Thüringens wird man in diesem Buch nicht aufgezählt finden. Das erweist sich auch nicht als notwendig, wenn man bei der Suche wie folgt vorgeht:

1. Ausgangspunkt sollte die Zeit vor 1871 sein. Wichtig ist zu wissen, welchem politischen Territorium der Ort angehörte.
2. Beginnen sollte man beim Pfarrort, dann beim Amtsort. Ist man hier noch nicht fündig geworden, dehnt man die Suche auf den Kreisort und schließlich auf die Landeshauptstadt aus.

In einigen Ortschaften finden wir zwei Maße für Getreide:

1. Das Maß am Markt: Dieses war im privaten Verkehr üblich und nannte sich **Marktgemäß,** (Marktscheffel ...)
2. Daneben gab es das behördliche **Amtsboden-, Boden-, Geschoß- und Amtsgemäß:** Jenes Maß war maßgebend bei Abgaben und beim amtlichen Besoldungsdeputat.

Auch finden wir teilweise verschiedene Maße für Winter- und Sommerfrucht:

1. Das **Wintergemäß:** auch Kornmaß oder Maß für glatte Frucht wird für Roggen, Weizen und Hülsenfrüchte benutzt.
2. Das **Sommergemäß:** auch Hafermaß, wird als Maß für rauhe Früchte genommen, zum Beispiel Gerste oder Hafer.

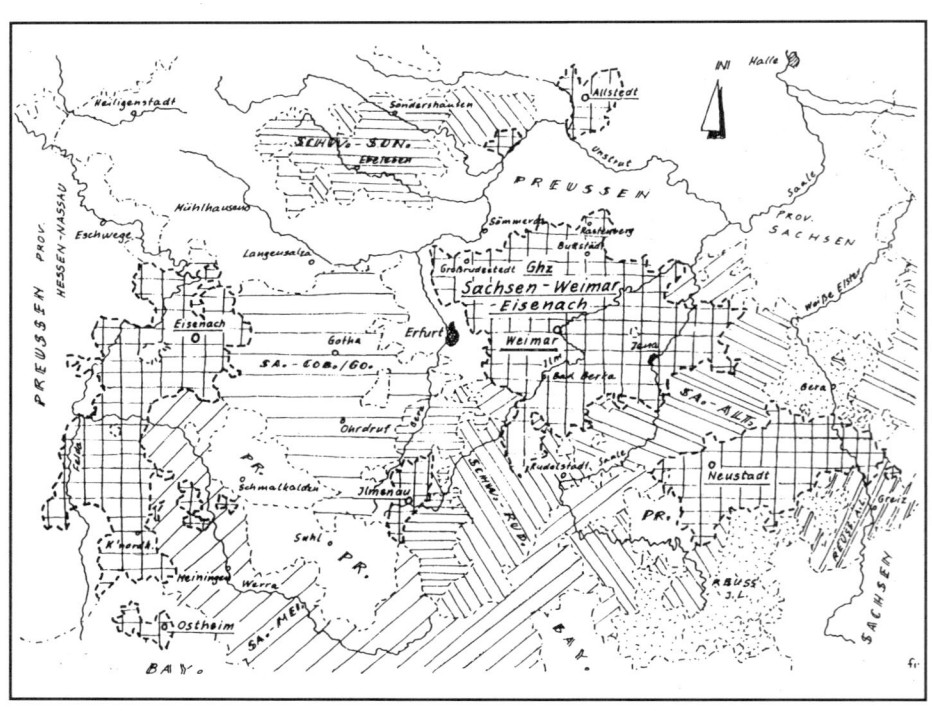

Thüringen um 1850. Zeichnung von Günter Fromm (c) aus dem Buch: „Aus der Geschichte der Bahnlinie Weimar-Rastenberg und der Buchenwaldbahn“, Verlag Rockstuhl 1994.

8

Achelstädt

Flächenmaße:
Der Rheinische Morgen	= 180 Quadratruten
	= 25,532 a
Der Leipziger Morgen	= 160 Quadratruten
Eine Rute zu 12 Schuh:	
1 Morgen	= 18,406 a
1 a	= 8,69 Quadratruten
Eine Rute zu 16 Schuh:	
1 Morgen	= 32,732 a
1 a	= 4,88 Quadratruten

Hohlmaße (naß):
1 Eimer = 72 Maß = 144 Kärtchen	= 66,997 l
1 Maß	= 0,93 l
1 Kärtchen	= 0,464 l

Längenmaße:
1 (Leipziger) Elle	= 0,566 m
1 Lachter	= 1,977 m

Das Getreidemaß gilt wie in Arnstadt. Die Maße von Fuß, Rute siehe Leipzig und Nürnberg.

Allstedt

Hinweis: siehe Preußen, Nordhausen und Weimar.

Altenburg

Flächenmaße:

1 Altenburger Quadratelle	= 0,320786 qm
1 Altenburger Quadratfuß	= 0,080197 qm
1 Altenburger Quadratzoll	= 5,5692 qcm
1 Altenburger Quadratrute ⌐R.	= 0,320786 a
1 Altenburger Acker	= 0,6415726 ha

Flächenmaß im Bergbau:

1 Fundgrube	= 31,36 Aren

1 Scheffel = 120 ⌐R = 25 a = 0,25 ha

Gewichtsmaß:

1 Zentner	= 50 kg

Hohlmaße:

1 Mäßchen	= 2,296 l (1850)
1 Malter	= 293,944 l
1 Viertel	= 36,743 l
1 Siebmaß / Sipmaß	= 36,743 l (1850)

Hohlmaße (trocken):

1 Scheffel = 4 Sippmaß = 14 Maß	= 146,56393 l
1 Sippmaß	= 36,64098 l
1 Maß	= 10,46885 l

Getreidemaße:

1 Metze	= 9,186 l
1 Scheffel	= 146,972 l (ca. 1810)
	= 50 l (ab 1871)

Hohlmaße (naß):

    1 Kanne = 64 preußischer Kubikzoll = 1,14503076 l

                                       = 1,123 l (auch 1850)

    1 Eimer   = 60 Kannen   = 68,701846 l

                                         = 67,362 l (auch 1850)

    1 Tonne Bier = 1,5 Eimer   = 103,052769 l

    1 Schenkmaß   = 0,896 l (vor 1832)

Holzmaße:

    Eine 6/4 ellige Klafter (3 Ellen breit, 3 Ellen hoch,
                      1,5 Ellen Scheitlänge)
        = 108 Kubikfuß   = 2,452773 cbm

    Eine 8/4 ellige Klafter (3 Ellen breit, 3 Ellen hoch, 2 Ellen
                      Scheitlänge)
        = 144 Kubikfuß   = 3,270364 cbm

Hinweis: Schauen sie beim Holzmaß auch bei Meiningen nach.

Körpermaße:

    1 Kubikelle   = 0,181687 cbm

    1 Kubikfuß   = 0,022711 cbm

    1 Kubikzoll   = 13,143 ccm

    1 Schachtrute = 54 Kubikellen   = 9,81110 cbm

Längenmaße:

    1 Elle = 2 Fuß = 24 Zoll = 288 Linien = 56,64 cm

                                         = 56,759 cm (auch 1810)

    1 Zoll   = 2,125 cm

                                         = 2,36 cm (um 1810)

    1 Fuß   = 28,5 cm

    1 Linie   = 2 mm

    1 Rute = 10 Ellen   = 5,6638 m

                                       = 5,68 m (um 1790)

Altenstein

Getreidemaße:
    1 Malter = 8 Maß zu 8 Viertel   = 167,648 l
    1 Maß   = 20,956 l
    1 Viertel   = 2,619 l

Holzmaß:
    1 Klafter   = 2,842 cbm (24.2.1806)

Anhalt

Gewichtsmaße:
    1 Pfund   = 32 Lot   = 467,71 g
    1 Zentner   = 110 Pfund   = 51,45 kg

Längenmaße:
    1 Elle   = 2 Fuß   = 0,64 m

Apolda

Flächenmaße:
    100 Weimarer Quadratfuß   = 7,95 qm
    100 Weimarer Quadratellen   = 31,80 qm
    1 Weimarer Quadratrute   = 20,36 qm
    1 Weimarer Quadratzoll   = 5,5 qcm
    1 Acker = 140 Quadratruten   = 28,497 a (1810)

Gewichtsmaße:
    1 Lot   = 14,616 g (vor 1872)
    1 Zenter   = 51,468 kg (1810)

Körpermaße:
    1 Weimarer Kassenrute für Steine, Sand und dergleichen:
        = 512 Kubikfuß   = 11,48 cbm

Hohlmaße (naß und trocken):
    1 Scheffel = 4 Viertel = 16 Metzen = 86,78 l
                                      = 86,777 l (1810)
                                      = 50 l (ab 1871)
    1 Viertel   = 21,694 l (1810)
    1 Metze = 6 Kannen = 12 Nösel = 5,424 l
    1 Kanne   = 0,904 l
    1 Nösel   = 0,45 l
    1 Ölmaß   = 1,046 l (1810)

Holzmaße:
    1 Waldklafter   (3 Ellen breit und hoch, Scheitlänge
                       7/4 Ellen) = 2,83 cbm

Längenmaße:
    1 Weimarer Fuß   = 28,198 cm (1810)
    1 Weimarer Elle   = 56,39 cm (1810)
    1 Weimarer Klafter   = 1,69 m
    1 Weimarer Rute   = 4,51 m
    1 Weimarer Zoll   = 2,3 cm
    1 Weimaer Chausseemeile   = 7363 m
                                        = 7359 m (1810)
    1 Weimarer Lachter   = 2 m

Raummaß:
    1 Klafter   = 2,825 cbm (1810)

Arnstadt

Flächenmaße:

1 Quadratrute zu 14 Fuß		= 15,662 qm
	16 Fuß	= 20,530 qm
1 Acker (wie Preußen)		= 0,2553 ha

Hohlmaße (trocken):

1 Arnstädter Maß	= 4 Viertel	= 146,564 l
(1850 als Getreidemaß)		= 149,033 l
1 Arnstädter Viertel = 2 Achtel		= 5 Metzen
		= 36,6410 l
1 Arnstädter Achtel		= 18,3205 l
1 Arnstädter Metze		= 7,328 l

Hinweis: Im Amt Gehren war ein besonderes Getreidemaß gebräuchlich. Siehe unter Gehren.

Hohlmaße (naß):

1 Kanne = 2 Maß	= 4 Nösel	= 1,7175 l
1 Maß		= 0,8588 l
Stadt Arnstadt:		
1 Eimer	= 42 Kannen	= 72,1350 l
übriges Gebiet:		
1 Eimer	= 40 Kannen	= 68,7 l

Holzmaße:

1 Klafter (144 Kubikfuß)	= 3,27 cbm
1 Klafter (126 Kubikfuß)	= 2,863 cbm
1 Malter = 64 Kubikfuß	= 1,45 cbm = 68,7 l

14

Längenmaße:

1 (Leipziger) Elle	= 56,6 cm
1 (Leipziger) Fuß	= 28,319 cm
	= 28,25 cm (1850)
1 Rute (zu 14 Fuß)	= 3,96466 m
	= 3,955 m (1810)
1 Rute (zu 16 Fuß)	= 4,53104 m

Behrungen

Hinweis: Getreidemaß wie Meininger Normalmaß. Andere Maße auch siehe Römhild.

Berka (Werra)

Hohlmaße (trocken)*:

1 Malter = 8 Maß = 16 Metzen	= 181,03 l
1 Maß	= 22,63 l
1 Metze = 4 Köpfchen = 16 Nösel	= 11,31 l
1 Köpfchen	= 2,83 l
1 Nösel	= 0,71 l

* aber auch für Wein und Branntwein

Biermaß

1 Biereimer = 36 Kannen = 72 Maß	= 68,70 l
1 Bierkanne	= 1,91 l
1 Biermaß = 2 Nösel	= 0,95 l
1 Biernösel	= 0,48 l

Holzmaße:

    1 Eisenacher Klafter   = 2,75 Ellen breit und hoch,
                                      Scheitlänge 1,75 Ellen
    1 Klafter   = 2,372 cbm (1811)

Hinweis: Weitere Maße siehe Weimar.

Berkach (bei Meiningen)

Getreidemaße:
  Winterfrucht:
    1 Malter = 8 Maß = 32 Metzen   = 167,1016 l
    1 Maß   = 20,8877 l
    1 Metze   = 5,2219 l
  Sommerfrucht:
    1 Maß   = 26,1087 l
    1 Metze   = 6,5272 l

Berlin (wie Preußen)

Flächenmaße:
    1 Quadratrute zu 12 Fuß   = 14,184579 qm
    1 Quadratrute zu 14 Fuß   = 19,306 qm
    1 Quadratfuß   = 0,09850 qm
    1 Quadratzoll   = 6,84 qcm
    1 Quadratlinie   = 4,75 qmm
    1 Preußischer Morgen (zu 12 Fuß) = 180 Quadratruten
                                        = 25,5322 a

1 Quadratlachter (Bergbau)	= 4,3780 qm
1 Hufe	= 7,66 ha (1850)
1 Hakenhufe = 2 große Morgen	= 11 347,66 qm
1 Landhufe = 1 großer Morgen	= 5673,83 qm
1 Sechziger	= 2,84 a (1850)

Gewichtsmaße:

1 Last (bei Kohle)	= 60 Zentner
(sonst)	= 40 Zentner = 100 Pfund
1 Lot	= 16,667 g
1 Zentner = 110 Pfund	= 51,448 kg (vor 1818)
	= 50 kg (nach 1858)
1 Krämerpfund	= 485,36 g (vor 1816)
	= 467,711 g (1816-1858)
	= 500 g (ab 1. Juli 1858)
1 Apothekerpfund	= 350,783 g
1 Stein	= 22 Pfund bei Wolle
	= 10 Pfund bei Federn
1 Karat für Juwelen	= 205,537 mg
1 Gran für Apotheker	= 0,049 g (1826)
1 Unze für Apotheker	= 29,212 g (1820)
	= 29,232 g (1837)
1 Lot	= 16,667 g
	= 14,606 g (vor 1816)
1 Medizinalpfund	= 350,783 g
1 Passierdukat	= 383 g (1850)
1 Pinte	= 411g - 462 g (1850)
1 Steinrute	= 13,355 cbm

Hohlmaße (trocken)
Getreidemaße:

1 Last = 72 Scheffel	= 3 957,192 l
1 Mäßchen	= 0,86 l
1 Malter = 12 Scheffel	= 695,5 l
1 Scheffel = 16 Metzen	= 54,96150 l
1 Metze	= 3,450094 l (ab 1816)

Nach weimarischer Aufstellung:

1 Metze = 3 Quart	= 3,45 l

Im Privatverkehr:

1 Wispel = 2 Malter	= 1319,07 l
1 Malter = 12 Scheffel	= 659,5380 l
(vor 1816 1374 l und 1841 659,544 l)	
1 Scheffel = 4 Viert	= 54,961 l
1 Viert = 4 Metzen	= 13,740376 l
1 Metze = 4 Mäßchen	= 3,4351 l
1 Mäßchen	= 0,858773 l
1 Tonne (Getreidemaß)	= 137,403 l (1850)

Hohlmaße (naß)
Flüssigkeitsmaße:

1 Fuder = 4 Oxhoft	= 824,4 l (auch 1850)
1 Oxhoft = 1,5 Ohm = 3 Eimer	= 206,1 l
1 Ohm = 2 Eimer zu 2 Anker	= 137,404 l
1 Anker = 30 Quart	= 34,3 l
1 Eimer = 60 preußische Quart	= 68,70 l
1 Quart = 64 Kubikzoll	= 1,145031 l
1 Oesel	= 0,57 l (Weinmaß)

Bier:

1 Gebräude Bier = 9 Kufen	= 18 Faß	
	= 36 Tonnen	= 4122 l
1 Faß	= ca. 229 l	
1 Tonne (Biermaß)	= 89,2 l (vor 1819)	

Körpermaße:

1 Klafter	= 108 Kubikfuß	= 3,3 cbm
1 Kubikrute	= 1728 Kubikfuß	= 53,422578 cbm
1 Kubikfuß	= 1728 Kubikzoll	= 0,030916 cbm
1 Kubikzoll		= 17,891 cbcm
1 Schachtrute	= 144 Kubikfuß	= 4,45 cbm

(1 Rute lang, 1 Rute breit und 1 Fuß hoch. Sie ist im Bauwesen gültig.)

Längenmaße:

1 Rute	= 12 Fuß	= 3,766242 m
1 Fuß	= 12 Zoll	= 31,3853 cm
1 Zoll	= 12 Linien	= 2,615 cm (1819-1870)
		= 1,961 cm (1773)
1 Linie		= 2,18 mm
1 Elle		= 66,6939 cm

Die Preußische Elle wird 1816 mit 87,092 cm und 1870 auch mit 66,694 cm angegeben.

1 Lachter	(Bergbaumaß)	= 2,092357 m
1 Meile	(1819-1870)	= 7532,485 m
		= 2000 Ruten
1 Klafter		= 1,833 m (1850)
1 Prime	(im Bergbau)	= 2,616 mm (vor 1871)
1 Strähn	(Leinengarn)	= 2743,18 m
	(Baumwolle/Wolle)	= 768,09 m
	(Streichgarn)	= 1467,27 m

Raummaß:
    1 Kummt für Torf   = 4,278 cbm (1850)

Zählmaß:
    1 Kip   = 600 Stück (1850)

Blankenburg

Amtsbodenmaße für Getreide:

1 Scheffel	= 4 Viertel	= 157,7384 l
1 Viertel	= 2 Achtel	= 39,4346 l
1 Achtel	= 2 Metzen	= 19,7173 l
		= 19,51 l (vor 1840)
1 Metze	= 20 Nösel	= 9,8586 l
1 Nösel		= 0,4929 l

Flächenmaße:

| 1 Acker | = 160 Quadratruten | = 32,6202 a |
| 1 Morgen | | = 25,5322 a |

Hohlmaße:

| 1 Rudolstädter Maß | = 64 Kubikzoll Leipziger Maß |
| | = 0,83239 l |

Holzmaße:

| 1 Klafter | = 125 Kubikfuß | = 2,83 cbm |

Längenmaße:

1 Rute	= 16 Fuß	= 4,5152672 m
1 Elle	= 2 Fuß	= 56,44084 cm
1 Fuß		= 28,22042 cm

Sonst sind auch preußische Maße gebräuchlich.

20

Blankenhain

Hinweis: Hohlmaße wie Rudolstadt, andere Maße wie Weimar.

Breitungen

Getreidemaße:

1 Malter = 8 Maß = 64 Viertel	= 163,15 l
1 Breitunger Maß	= 20,396 l
1 Breitunger Viertel	= 2,549 l

Nach 1843 gilt das Meininger Normalmaß.

Breternitz

Marktscheffel:

1 Scheffel	= 8 Achtel	= 187,376 l
1 Breternitzer Scheffel (Getreide)		= 172,0283 l
1 Achtel	= 2 Metzen	= 23,422 l
1 Metze	= 12 Maß	= 11,711 l
1 Maß		= 0,975 l

Hier gilt auch das Saalfelder und Rudolstädter Maß.

Bürgel

Hohlmaße (trocken und naß):

1 Bürgelscher Scheffel	= 204,86 l
1 Bürgelsches Viertel	= 51,22 l
1 Bürgelsches Maß	= 12,80 l
1 Bürgelsche Metze = 14 Nösel	= 6,40 l
1 Bürgelsches Nösel	= 0,46 l

Hier sind auch weitere Maße aus Weimar gültig.

Burgk (a. d. Saale)

Flächenmaße:

1 Morgen = 180 Quadratruten	= 25,5322 a
1 alter Scheffel	= 32,7247 a
1 Acker	= 32,69 a (1840)

Hohlmaße:
    Diesseits der Saale: siehe Schleiz.
    Jenseits der Saale: siehe Lobenstein.
        Hinweis: einige Maße siehe auch Zeulenroda.

Körpermaße:

1 preußischer Eimer	= 60 Quart	= 68,7 l
1 große Schachtrute	= 96 Kubikellen	= 17,342 cbm
1 kleine Schachtrute	= 27 Kubikellen	= 4,878 cbm
1 Klafter Holzmaß		= 2,75 cbm

Die angeführten Maße gelten im ganzen Fürstentum Reuß ä.L.

Längenmaße: 1 Rute = 12 Rheinl. Fuß   = 3,7662 m

In den Orten diesseits der Saale:
    1 Schleizer Elle   = 0,565311 m
In den Orten jenseits der Saale:
    1 Lobensteiner Elle   = 0,590644 m

Buttstädt

Hohlmaße:
    1 Scheffel   = 76,42 l
            = 50 l (ab 1871)
    1 Viertel   = 19,105 l
    1 Metze   = 4,78 l

Hier sind auch weitere Maße aus Weimar gültig.

Camburg

Flächenmaße:
    1 Acker = 200 zehnellige Leipziger Quadratruten
            = 64,157 a
    1 a   = 3,1 Quadratruten

Hohlmaße (trocken):
    1 Camburger Scheffel   = 4 Viertel zu 4 Maß
            = 164,883 l
    1 Viertel   = 41,22 l
    1 Maß   = 12 Kannen   = 10,305 l

Hohlmaße (naß):
    1 Eimer = 80 Kannen   = 68,702 l
    1 Kanne   = 0,858 l

Längenmaße:
    1 Leipziger Elle   = 0,566 m

Hier sind auch andere Maße aus Leipzig gültig.

Coburg

Flächenmaße:
    1 Acker = 160 Quadratruten Landmaß = 28,955 a
                                    = 28,977 a (1840)
    1 Hektar   = 3,45363 Coburger Acker

Gewichtsmaß:
    1 Zentner   = 50,999 kg

Hohlmaße:
    1 Kübel (Kohlenmaß)   = 0,30849 hl
    1 Eimer = 80 Maß   = 73,5136 l
    1 Maß = 2 Kärtchen   = 0,9189 l
    1 Kärtchen   = 0,4594 l
    1 Milchmaß   = 0,9918 l
  Nach Meininger Aufstellung berechnet man:
    1 Eimer   = 78,673 l
    1 Maß   = 0,9834 l
    1 Simmer Winterfrucht = 4 Viertel = 90,477 l
        Hartkorn alt   = 90,412 l
        Hartkorn 1850   = 88,946 l

1 Viertel Winterfrucht = 4 Metzen	= 22,619 l
1 Metze Winterfrucht	= 5,6548 l
1 Simmer Sommerfrucht	= 113,097 l
Weichkorn alt	= 113,021 l
Weichkorn 1850	= 110,449 l
1 Viertel Sommerfrucht	= 28,274 l
Nach Meininger Aufstellung hat 1 Simmer Sommerfrucht	= 20 Metzen
1 Metze	= 5,6548 l

Körpermaße

1 Schachtrute (zu 12 Fuß)	= 4,04002 cbm
1 Schachtrute (zu 14 Fuß)	= 5,49897 cbm
1 Kasten (=288 Kubikfuß)	= 8,08004 cbm
1 Klafter Holzmaß	= 4,040023 cbm
1 Klafter	= 4,045 cbm (ab 1811)

Längenmaße:

1 Fuß	= 0,30386 m
1 Quadratfuß	= 0,092331 qm
1 Kubikfuß	= 0,0280557 cbm
1 Zoll	= 2,53217 cm
1 Quadratzoll	= 6,4118 qcm
1 Kubikzoll	= 16,236 ccm
1 Linie	= 2,11014 mm
1 Quadratlinie	= 4,4526 qmm
1 Werkrute (bei 12 Fuß)	= 3,6463 m
1 Quadratrute Werkmaß	= 13,2956 qm
1 Kubikrute desgleichen	= 48,4807 cbm
1 Landrute (bei 14 Fuß)	= 4,2540 m
1 Quadratrute Landmaß	= 18,09687 qm
1 Kubikrute desgleichen	= 76,9856 cbm
1 Elle	= 58,85 cm
	= 58,629 cm (1850)

Crayenberg

Hohlmaße:
1 Crayenburger Malter = 8 Maß = 174,13 l
= 190 l (1850)
1 Crayenburger Maß = 2 Metzen = 21,77 l
= 23,75 l (1850)
1 Crayenburger Metze = 4 Köpfchen = 10,88 l
= 11,875 l (1850)
1 Crayenburger Köpfchen = 4 Nösel = 2,72 l
= 2,969 l (1850)
1 Crayenburger Nösel = 0,68 l
= 0,742 l (1850)

Creuzburg

Hohlmaße (trocken und naß):
1 Heeger Malter = 212,046 l
1 Heeger Metze = 13,25 l
1 Heeger Mäßchen = 3,31 l
1 Heeger Nösel = 0,828 l

(Heeger ist eine mundartliche Abkürzung für Hainaer.)

Holzmaß:
1 Eisenacher Klafter = 2,75 Ellen breit und hoch,
Scheitlänge 1,75 Ellen
= 2,372 cbm (1811)

Andere Maße siehe Weimar.

Dermbach

Hohlmaße (naß):

1 Dermbacher Schenkmaß	= 0,95 l
1 Dermbacher Schoppen	= 0,47 l
1 Dermbacher Kännchen	= 0,12 l

Hohlmaß (trocken) siehe Fischberg.

Holzmaß (siehe auch Fulda):

1 Eisenacher Klafter = 2,75 Ellen breit und hoch, Scheitlänge 1,75 Ellen
= 2,372 cbm (1811)

Als weitere Maße sind die von Weimar gültig.

Dresden

Flächenmaße:

1 Acker = 2 Morgen = 300 Feldmesser-Quadratruten
= 0,55342 ha

1 Hufe	= 60 Morgen	= 16,60 ha
1 Morgen	= 1 Scheffel Landes	= 0,5 Acker
	= 150 Quadratruten	= 2767,11 Quadratmeter
1 Feldmesserquadratrute		= 57,5 Quadratellen
		= 18,447 Quadratmeter
1 Straßenquadratrute		= 20,53 Quadratmeter
1 Scheffel = 150 Quadratruten		= 2767,11 Quadratmeter

Gewichtsmaße:

1 Zentner	= 5 Steine	= 110 Pfund
		= 51,402 kg
1 Lot	= 1/30 Pfund	= 16,667 g
1 Krämerpfund	= 32 Lot	= 467,289 g
1 Apothekerpfund	= 24 Lot	= 350,783 g
1 Stein	= ca. 22 Pfund	= ca. 11 kg

Körpermaße:

1 Kubikelle	= 0,18 cbm
1 Kubikfuß	= 0,02 cbm
1 Kubikzoll	= 0,13 cbm
1 Schragen	= 3 Klafter Holz

Hohlmaße (trocken):

1 Wispel = 2 Malter = 24 Scheffel = 96 Viertel
= 1536 Mäßchen = 384 Metzen = 2492 l
1 Schachtrute (für Steine) = 11,628 cbm
= 8 Ellen Länge, 8 Ellen Breite und 1 Elle Höhe
1 Dresdner Scheffel = 16 Metzen = 103,83 l

1 Viertel	= 1/4 Scheffel	= 25,98 l
1 Metze	= 4 Mäßchen	= 6,4893 l
1 Mäßchen		= 1,6223 l

Hohlmaße (naß):

1 Eimer = 72 Dresdner Kannen		= 67,362 l
1 Kanne	= 2 Nösel	= 0,93559 l
1 Hose	= 24 Kannen	= 22,45 l
1 Fuder Wein = 12 Eimer		= 808,32 l
1 Faß Wein	= 6 Eimer	= 404,16 l
1 Faß Bier = 4 Tonnen zu 2 Eimern		= 4 Dresdner Kannen
		= 393 l
1 Tonne Bier		= 105 Dresdner Kannen
		= 98,2 l

Holzmaße:

1 Klafter - von 6 Fuß Höhe und 6 Fuß Breite bei einer
Scheitlänge von:

9/8 Ellen	= 1,8396 cbm
6/4 Ellen	= 2,4528 cbm
7/4 Ellen	= 2,8166 cbm
8/4 Ellen	= 3,2704 cbm
9/4 Ellen	= 3,6792 cbm

Längenmaße:

1 alte sächsische Meile	= 7419,58 m
1 sächsiche (seit 1840) dann 1871 deutsche Meile	= 7500 m
1 Feldmesserrute = 15 Fuß	= 2 Zoll = 4,295 m
1 Straßenrute = 16 Fuß	= 4,531 m
1 Leipziger Elle = 2 Fuß = 24 Zoll	= 0,56638 m
1 Quadratelle	= 0,32079 qm
1 Kubikelle	= 0,18169 cbm
1 Lachter	= 2 m
1 alter Lachter	= 1,982 m
1 Stab = 2 Ellen	= 1,132 m
1 Leipziger Klafter = 3 Ellen	= 1,699 m

a) Leipziger Baufuß:

1 Fuß = 12 Zoll = 144 Linien	= 0,28319 m
1 Zoll	= 2,3599 cm
1 Linie	= 1,9666 mm

Diese Maße werden in der amtlichen sächsischen
Umrechnung als sächsische Maße bezeichnet.

b) Leipziger Ratsmaß:

1 Fuß	= 12 Zoll	= 0,282 m
1 Zoll		= 2,355 cm
1 Linie		= 1,96 mm

Die Rute wird zu 12 (gewöhnlich), 16 (sächsische Landesrute) und 20 (Amt Camburg) Ratsfuß gerechnet.

1 Rute	= 12 Fuß	= 3,39180 m
1 Rute	= 16 Fuß	= 4,52240 m
1 Rute	= 20 Fuß	= 5,663 m
1 Schachtrute		= 9,084 m

Dornburg a. d. Saale

Hohlmaße (trocken und naß):

1 Dornburger Scheffel	= 182,81 l
	= 50 l (ab 1871)
1 Dornburger Viertel	= 45,70 l
1 Dornburger Maß	= 11,43 l
1 Dornburger Metze	= 5,713 l
1 Dornburger Kanne	= 0,95 l
1 Dornburger Nösel	= 0,48 l (0,476 l 1850)

Ebersdorf

Körpermaße:

1 Eimer = 72 Kannen	= 64,35 l
1 Kanne	= 0,8937 l
1 Scheffel Kornmaß	= 2,0016 hl
1 Achtel Kornmaß = 28 Kannen	= 25,02 l

1 Scheffel Hafermaß	= 2,4312 hl
1 Achtel Hafermaß = 34 Kannen	= 30,39 l
1 Achtel = 4 Metzen	= 2 Maß

Längenmaße:

| 1 Elle | = 59,0644 cm |
| 1 Fuß | = 0,304 m |

Weitere Flächen und Maße siehe Gera.

Effelder

Längenmaße:
    1 Elle = 2 Nürnberger Schuh   = 0,607 m

Hohlmaße:
  Flüssigkeitsmaße:

1 Eimer = 64 Eichmaß	= 72 Schenkmaß
	= 60,16 l
1 Eichmaß = 2 Kärtchen	= 0,94 l
1 Schenkmaß	= 0,916 l
1 Kärtchen	= 0,458 l

  Getreidemaße:
   a) Wintermaße:

1 Schalkauer Simmer = 4 Viertel	= 93,576 l
1 Viertel = 4 Metzen	= 23,394 l
1 Metze	= 5,848 l

   b) Sommermaße:

1 Simmer	= 114,52 l
1 Viertel	= 28,631 l
1 Metze	= 7,157 l

Ehrenstein / bei Stadtilm

Amtsboden-Getreidemaße:

1 Scheffel = 16 Metzen (auch Viertel und Achtel gebräuchlich)
= 141,9458 l
1 Metze = 20 Nösel = 8,8716 l
1 Nösel = 0,44358 l

In Ehrenstein finden wir auch Maße von Großliebringen, Kleinliebringen und Nahwinden. Üblich sind auch das Stadtilmer
Marktgemäß und die Rudolstädter Maße.

Eichsfeld

Längenmaß: 1 Elle = 56,6 cm (1850)

Eisenach

Holzmaß:
1 Eisenacher Klafter = 2,75 Ellen breit und hoch,
Scheitlänge 1,75 Ellen
= 2,3721 cbm (1811)

Hohlmaße (trocken):
Getreidemaße:

1 Eisenacher Malter = 4 Viertel = 304,69 l
1 Viertel   = 2 Scheffel   = 76,17 l
                    (auch 76,168l und 76,172 l genannt)
1 Scheffel   = 38,09 l
                             = 38,086 l (1810)
                             = 50 l (ab 1871)
1 Metze = 4 Mäßchen   = 9,521 l
1 Mäßchen   = 4 Marktnösel   = 2,38 l
1 Marktnösel   = 0,60 l

Hohlmaße (naß):
Für Bier:

1 Eimer = 36 Kannen = 74 Maß = 144 Nösel = 72,75 l
1 Kanne   = 2,02 l
1 Maß   = 1,01 l
                             = 0,916 l (1850)
1 Nösel   = 0,51 l
                             = 0,595 l (1850)

Für Wein und Branntwein:

1 Eimer = 40 Kannen = 80 Maß = 160 Nösel = 62,18 l
1 Kanne   = 1,73 l
1 Maß   = 0,86 l
                             = auch 0,916 l (1850)
1 Nösel   = 0,43 l
                             = auch 0,458 l (1850)

In Quellen Anno 1850 wird das Biermaß für 1 Eimer mit 65,98 l und das Weinmaß mit 73,3 l angegeben. Wir stützen uns aber auf oben genannte Angaben.

Auch Maße aus Weimar sind gebräuchlich.

Eisenberg

Hohlmaße (trocken):

        1 Scheffel = 4 Viertel = 16 Maß   = 218,708750 l
        1 Viertel   = 54,675219 l
        1 Maß = 4 Metzen   = 13,668805 l
        1 Metze   = 3,43 l

Hohlmaße (trocken und naß):

        1 Kanne   = 0,8587731 l

Hinweis: siehe auch Maße von Altenburg.

Eisfeld

Hohlmaße:

    Getreidemaß:

        1 Malter = 2 Simmer = 8 Viertel = 32 Metzen

    Wintergemäß:

        1 Malter   = 189,08 l
        1 Simmer   = 94,54 l
        1 Viertel   = 23,635 l
                                           = 23,74 l (5.1.1928)
        1 Metze   = 5,908 l

    Sommergemäß:

        1 Malter   = 235,056 l
        1 Simmer   = 117,528 l

1 Viertel	= 29,382 l
	= 27,21 l (5.1.1928)
1 Metze	= 7,345 l

Längenmaß:
1 Eisfelder Elle	= 0,566 m

Die Herrschaft in Eisfeld arbeitet mit dem Coburger Gemäß .

Erfurt

Brennholzmaß:
1 Klafter	= 6 Fuß Höhe und 6 Fuß Breite, Scheitlänge verschieden.

Das Maß des „Auslandes", welches das Holz lieferte, zählt.

Flächenmaß:
Alter Erfurter Acker /Morgen	= 168 Quadratruten
	= 26,434 a

Gewichtsmaß:
1 Zentner	= 114 Pfund

Hohlmaße (trocken):
768 Erfurter Scheffel	= 833 preußische Scheffel
1 Erfurter Malter = 4 Viertel	= 12 Scheffel
= 48 Metze = 192 Mäßchen	= 715,358 l
1 Erfurter Viertel	= 178,84 l
1 Erfurter Scheffel	= 59,6132 l
	= 50 l (ab 1871)

1 Erfurter Metze	= 14,9033 l
1 Erfurter Maß	= 3,726 l
1 Erfurter Kanne	= 0,93 l

Hohlmaße (naß):
  Weinmaße:

1 Fuder = 6 Ohm =12 Eimer	= 252 Stübchen
= 504 Kannen = 1008 Maß	= 2016 Nösel
1 Weinmaß	= 0,844 l (1850)
1 Weinnösel	= 0,42223 l
1 Eimer Wein = 168 Weinnösel	= 70,9347 l

Biermaße:

1 Eimer = 18 Stübchen = 36 Kannen = 72 Maß	
	= 144 Nösel
1 Biernösel (auch Öl, Milch)	= 0,5114622 l
	= 0,541 l (auch 1850)
1 Eimer Bier = 144 Biernösel = 18 Stübchen zu 2 Kannen	
	= 73,65 l
1 Maß Bier = 2 Biernösel	= 1,023 l (1850)
1 Metze	= 30 gestrichene Biernösel
	= 28 gehäufte Biernösel
5 Biernösel	= 6,05668 Weinnösel

Längenmaße:

1 Fuß = 0,12 Zoll zu 12 Linien	= 28,326 cm
1 Feldrute (Feldmaß) = 14 Fuß	= 3,976 m (1850)
1 Fuß = 10 Priemen	= 100 Sekunden
1 Baurute (Baumaß)	= 12 Fuß zu 12 Zoll
1 Elle	= 0,563062 m
1 preußische Elle	= 1,25 Erfurter Elle

Fischberg

Hohlmaße (trocken und naß):
    1 Fischberger Malter   = 181,83 l
    1 Fischberger Maß   = 22,73 l
    1 Fischberger Metze   = 5,68 l
    1 Fischberger Köpfchen   = 1,42 l

Holzmaß siehe Eisenach. Vor 1664 waren die Fuldaer Maße gebräuchlich. Weitere Maße auch aus Weimar.

Frankenhausen (Bad) (Kyffhäuser)

Flächenmaße:
    1 Acker   = 160 Quadratruten   = 27,716 a

Gewichtsmaße:
    1 Zentner   = 114 Pfund   = 53,285 kg (vor 1816)

Hohlmaße (trocken):
    1 Scheffel = 12 Mäßchen   = 45,632 l
                                 = 50 l (ab 1871)
    1 Viertel   = 11,41 l
    1 Metze   = 2,85 l
    1 Mäßchen   = 3,80 l
    1 Marktscheffel = 12 Scheffel   = 144 Mäßchen
                                   = 547,58 l
    1 Heymetzen = 2,5 Metzen Nordhäuser Maß

Hohlmaße (naß):

    1 Faß = 3 Ohm = 4 Tonnen   = 114 Stübchen
         = 228 Kannen = 456 Maß = 912 Nösel
    1 Tonne   = 249,27 l
    1 Maß   = 2,1866 l

    Biermaße:
    1 Nösel   = 1,043 l
    1 Ohm   (18. Jahrhundert) = 151,333 l
    1 Bierfaß   = ca. 454 l (um 1750)

    Weinfaß:
    1 Weinfaß   = 120,286 l (1850)

Längenmaße:
    1 Rute   = 7,5 Ellen   = 15 Fuß
    1 Werkfuß   = 12 Zoll zu 12 Linien = 29,27 cm
    1 Elle   = 55,49 cm
    1 Rute   = 10 Feldfuß   = 6,24046 m
    1 Feldfuß   = 62,4046 cm

Auch preußische Maße sind hier gültig.

Frauenbreitungen

Getreidemaße:
    1 Malter   = 8 Maß   = 64 Viertel
    1 Malter   = 163,15 l
    1 Maß   = 20,396 l
    1 Viertel   = 2,549 l

Frauensee

Hohlmaße:

1 Malter	= 8 Maß	= 190,16 l
1 Maß	= 2 Metzen	= 23,77 l
1 Metze	= 4 Köpfchen	= 11,885 l (1850)
1 Köpfchen	= 4 Nösel	= 2,971 l (auch 1850)
1 Nösel		= 0,743 l

Holzmaß siehe Eisenach und Vacha.

Freiberg

Freiberger Lachter: siehe Saalfeld.

Fulda

Flächenmaße:

1 Morgen oder Acker	= 160 Quadratruten
	= 18,43686 a
1 Tagewerk	= 2 Morgen
1 Hufe	= 30 Morgen

Gewichtsmaße:

1 Zentner	= 50,997 kg (1850)
1 Pfund	= 509,97 kg (1850)

Hohlmaße (trocken):
Bei dem Getreidemaß weichen die amtlichen Umrechnungsverhältnisse voneinander stark ab. Wir führen die hessische, die weimarische (zum Teil für den Bezirk Geisa) und die meiningische (für Amt Salzungen) Umrechnung an.

Amtliche hessische Umrechnung:
1 Malter	= 8 Maß	= 175,578 l
1 Maß	= 4 Metzen	= 21,947 l

Amtliche weimarische Umrechnung:
1 Malter	= 8 Maß	= 171,39 l
1 Köpfchen	= 4 Nösel	= 2,68 l
1 Maß		= 21,42 l
1 Metze		= 10,71 l
1 Nösel		= 0,67 l

Amtliche meiningische Umrechnung:
1 Malter	= 180,15 l
1 Maß	= 22,519 l
1 Metze	= 11,259 l
1 Viertel	= 2,814 l

Hohlmaße (naß):
1 Fuder	= 6 Ohm	= 873,54 l
1 Ohm	= 2 Eimer	= 145,594 l
1 Eimer	= 40 Maß	= 72,797 l
1 Maß		= 1,81993 l
1 Schoppen		= 0,455 l (1850)

Holzmaße:
1 Klafter - 6 Fuß hoch, 6 Fuß weit, 4 Fuß Scheitlänge
= 144 kurhessische Kubikfuß
= 3,43 cbm oder Steren.

Längenmaße:
                1 Fuß oder Schuh   = 12 Zoll   = 0,28288 m
                1 Elle   = 2 Fuß   = 0,56576 m
                1 Rute   = 12 Fuß

Zählmaß für Leder:
                1 Polst   = 5 Stück (1850)

Gehren

Hohlmaße:
                1 Gehrener Maß   = 4 Viertel   = 183,2 l
                1 Gehrener Viertel = 5 Metzen   = 45,8 l
                1 Gehrener Achtel   = 22,9 l
                1 Gehrener Metze   = 9,16 l

Weitere Maße sind aus Arnstadt gültig.

Geisa

Auch eigenes Geisaer Getreidemaß:
                1 Geisaer Malter   = 192,81 l
                1 Geisaer Maß   = 24,10 l
                1 Geisaer Metze   = 12,05 l
                1 Geisaer Köpfchen   = 3,01 l

Weitere Maße sind aus Fulda gültig.

Gera

Bergmaße:
Fuß und Quadratfuß siehe auch Nürnberg
1 Bergseidel = 32,5 Zoll lang, 21 Zoll weit, 9 Zoll hoch
= 0,099840 cbm
1 Bergfuder = 4 Seidel = 0,399362 cbm

Bruchsteinmaße:
1 Rute = 8 Ellen breit, 1,5 Ellen hoch = 17,3434 cbm
= 96 Leipziger Kubikellen

Flächenmaße:
1 Quadratelle (Baumaß) = 0,319576 qm
(Quadratrute und Morgen siehe auch bei Preußen)
1 alter Geraer Scheffel (Ackermaß) = 25,214 a

Bei Privatmessungen:
1 Scheffel = 160 Quadratfuß Leipziger Maß = 32,6886 a

Gewichtsmaße:
1 Zentner = 5 Steine = 110 Pfund

Hohlmaße (trocken):
1 Scheffel = 4 Viertel = 8 Achtel = 16 Maß
= 64 Mäßchen

Hohlmaße (naß):
1 Eimer = 72 Kannen
1 Faß (Biermaß) = 6 Eimer = 432 Kannen

Holzmaße:
    1 Leipziger Kubikfuß   = 0,022582 cbm
    1 Klafter = 6 Fuß Weite, 6 Fuß Höhe, 3,5 Fuß Scheitlänge
oder
    7/4 ellige Klafter   = 126 Kubikfuß   = 2,8454 cbm
    1 Klafter = 6 Fuß Weite, 6 Fuß Höhe, 2,5 Fuß Scheitlänge
    oder
    5/4 ellige Klafter   = 90 Kubikfuß   = 2,0324 cbm
    1 Klafter = 6 Fuß Weite, 6 Fuß Höhe, 2 Fuß Scheitlänge
    oder
    4/4 ellige Klafter   = 72 Kubikfuß   = 1,6259 cbm

Körpermaße: (Quart wie in Preußen)
    1 Kanne   =5/6 Quart   = 0,9542 l
    1 Eimer   = 72 Kannen   = 68, 70 l

Längenmaße:
    1 Baufuß (Leipziger Werkmaß)   = 12 Zoll
                                 = 0,282655 m
      (Fuß und Rute auch siehe Preußen)
    1 Elle   = 2 Baufuß   = 0,572394 m
    1 Zoll   = 2,36 cm

Gotha

Flächenmaße:
    1 Quadratrute = 16 Zoll   = 21,177 qm
    1 Quadratrute = 14 Zoll   = 16,214 qm
    1 Quadratrute / Ellenmaß   = 13 Zoll
                                   = 13,375 qm

Gothaer Baumaße:

1 Quadratfuß	= 0,082724 qm
1 Quadratzoll	= 5,7448 qcm
1 Quadratlinie	= 3,9894 qmm
1 Gothaer Waldacker	= 33,884 a

(160 Quadratruten 16 Zoll oder 160 Waldruten)

1 Gothaer Acker (auch Feldacker) = 22,699 a

(140 Quadratruten 14 Zoll oder 140 Feldruten)

1 kleiner Gothaer Acker oder Herbslebener Acker

(140 Quadratruten 13 Zoll) = 18,725 qm

1 Hufe   = 30 Acker

Gewichtsmaße:

1 Zentner	= 110 Pfund	= 51,448 kg (1850)
1 Pfund		= 467,609 g

Hohlmaße (trocken):

Gothaer Gemäß:

1 Bergscheffel (Steinkohle)		= 40,206 l (1859)
1 Malter	= 2 Scheffel	= 174,65 l
1 Scheffel	= 2 Viertel	= 87,324 l
1 Viertel	= 4 Metzen	= 43,662 l
1 Metze	= 4 Mäßchen	= 10,916 l
1 Mäßchen	= 6 Nösel	= 2,7289 l
1 Nösel		= 0,45481 l
		= 1850 auch 0,684 l

Weiterhin sind Maße aus Eisenach, Arnstadt, Mühlhausen und Nordhausen sowie das „Heeger"-Gemäß aus Creuzburg gebräuch-lich.

Hohlmaße (naß):

Flüssigkeitsmaße:

1 Fuder Wein = 12 Eimer	= 873,24 l
1 Oxhoft	= 3 Eimer
1 Feuillette	= 1,5 Eimer
1 Ohm	= 2 Eimer
1 Eimer = 2 Anker	= 40 Kannen
1 Maß	= 2 Nösel
1 Anker	= 36,385 l (1850)

Gothaer Maße:

1 Eimer	= 72,77 l
1 Kanne	= 1,8193 l
1 Maß	= 0,90962 l
1 Nösel	= 0,45481
1 Faß Branntwein	= 110 Kannen
1 Bierlast	= 12 Tonnen
1 Tonne	= 24 Stübchen
1 Stübchen	= 2 Kannen Öl
1 „Pfund" (bei Öl)	= 36,3092 Gothaische Kubikzoll
	= 0,499945 l

Holzmaße:

1 Kubikfuß Holzmaß	= 0,0225824 cbm

1 Normalklafter (6 Waldfuß hoch und lang, 3 breit)
= 108 Holz-Kubikfuß = 2,4389 cbm

Hier ist auch das Eisenacher Holzmaß in Gebrauch.

Kohlenmaße:

Holzkohle:

1 Stutz = 6 Gothaer (Getreide) Viertel = 261,97 l

Steinkohle:

1 Bergscheffel	= 2920 Gothaer Kubikzoll
	= 40,206 l

Gothaer Kubikzoll   = 39,515 l
1 Kohlenkorb   = 130,99 l
1 Kohlenkarren   = 23,577 l

Körpermaße (alles Gothaer Baumaß):

1 Kubikfuß		= 0,023793 cbm
1 Kubikzoll		= 13,769 ccm
1 Kubikrute	= 14 Zoll	= 65,288 cbm
1 Kubikrute	= 16 Zoll	= 97,456 cbm
1 Schachtrute	= 14 Zoll	= 4,6634 cbm
1 Schachtrute	= 16 Zoll	= 6,0910 cbm
1 Steinrute	= 14 Zoll	= 9,3269 cbm
1 Wertrute	= 16 Zoll	= 12,182 cbm

Längenmaße:

1 Fuß goth. Baumaß = 12 Zoll zu 12 Linien = 28,762 cm
1 Meile   = 7,408 km (1850)

Gothaer Baumaße:

1 Zoll	= 2,36968 cm
1 Linie	= 1,9974 mm
1 Rute (14 Zoll)	= 4,0267 m (Feldrute)
1 Rute (16 Zoll)	= 4,6019 m (Waldrute)

Ellenmaße:

1 Elle	= 56,265 cm
1 Lachter	= 1,9693 m
	= auch 1,982 m
1 Rute (13 Zoll)	= 3,6572 m
1 Linie	= 1,9537 mm
1 Zoll	= 2,3444 cm
	= 2,397 cm (1850)
1 Fuß	= 28,133 cm

Holzmaß:
    1 Waldfuß   = 0,282655 m

Gräfenthal

Getreidemaße (Gräfenthaler Marktscheffel):
    Wintergemäß:
        1 Scheffel   = 4 Viertel = 8 Achtel= 187,270 l
        1 Viertel   = 46,817 l
        1 Achtel   = 2 Metzen   = 23,408 l
        1 Metze   = 11,704 l
    Sommergemäß:
        1 Scheffel   = 248,880 l
        1 Viertel   = 62,220 l
        1 Achtel   = 31,110 l
        1 Metze   = 15,555 l
Getreidemaße (Amtsscheffel):
    Wintergemäß:
        1 Scheffel = 0,9898 Marktkornscheffel = 185,3598 l
        1 Viertel   = 46,34 l
        1 Achtel   = 23,17 l
        1 Metze   = 11,58 l

    Sommergemäß:
        1 Scheffel = 0,9309 Markthaferscheffel = 231,6824 l
        1 Viertel   = 57,9206 l
        1 Achtel   = 28,9603 l
        1 Metze   = 14,4802 l

Hier sind auch die Maße von Lehesten, Probstzella sowie von Saalfeld gebräuchlich.

Greiz

Flächenmaße:

1 Morgen (180 Quadratruten)	= 25,5322 a
1 alter Scheffel	= 32,7247 a
1 Acker	= 32,69 a (1840)

Hohlmaße:

1 Scheffel = 1,35 Dresdner Scheffel	= 112 Kannen = 4 Viertel
= 16 Näpfe (1850)	= 166,13 l
1 Eimer = 48 Kannen	= 71,198 l
1 Kanne	= 1,483 l

Körpermaße:

1 preußischer Eimer	= 60 Quart = 68,7 l
1 große Schachtrute	= 96 Kubikellen
	= 17,342 cbm
1 kleine Schachtrute	= 27 Kubikellen
	= 4,878 cbm
1 Klafter Holzmaß	= 2,75 cbm

Längenmaße:

1 Rute (= 12 Rheinl. Fuß)	= 3,7662 m
1 Elle	= 0,5885 m

Es sind auch Maße aus Zeulenroda gebräuchlich.

Großliebringen

(Amts) Boden oder Geschoßmaße für Getreide:

1 Scheffel = 16 Metzen	= 130,71 l
1 Scheffel = 4 Viertel	= 8 Achtel
1 Viertel	= 32,68 l
1 Achtel	= 16,34 l
1 Metze	= 8,17 l
1 Nösel	= 0,41 l

Hier finden wir auch Stadtilmer (Marktscheffel) und Rudolstädter Maße.

Gügleben

Getreidemaß wie Arnstadt, sonst wie Saalfeld.

Haina

Hohlmaße (trocken und naß):

1 Heeger Malter	= 212,046 l
1 Heeger Metze	= 13,25 l
1 Heeger Mäßchen	= 3,31 l
1 Heeger Nösel	= 0,828 l (auch 1850)

Hannover

Hannoversches oder Kalenberger Maß, welche in Thüringen gebräuchlich sind:

Flächenmaße:

1 Quadratrute	= 21,842 qm
1 Quadratfuß	= 0,085319 qm
1 Quadratzoll	= 5,9250 qcm
1 Quadratlinie	= 4,1146 qmm
1 Quadratlachter	= 3,6856 qm
1 Morgen	= 26,21 a

Körpermaße:

1 Kubikfuß	= 0,024921 qm
1 Kubikzoll	= 14,422 qcm
1 Klafter	= 3,5887 qm

Längenmaße:

1 Rute	= 4,6735 m
1 Fuß = 12 Zoll	= 29,209 cm
1 Zoll = 12 Linien	= 2,434 cm
1 Linie	= 2,03 mm
1 Elle	= 0,58419 m
1 Klafter	= 1,7526 m
1 Lachter	= 1,9198 m

Heeger

Maße wie in Creuzburg.

Heldburg

Getreidemaß wie Coburg, sonst wie Hildburghausen.

Henneberg

1 Henneberger Fuß (im früheren Amt Maßfeld) = 0,312 m

Henneberger Getreidemaß siehe Kaltennordheim.

Herbsleben

Herbslebener Acker oder kleiner Gothaer Acker = 18,72 a

Herrengosserstedt

Hier sind Leipziger Maße gebräuchlich.

Hessen

Hessischer Holzklafter siehe Vacha.

Hildburghausen

Längemaße (auch Nürnberger Elle gebräuchlich):
1 Hildburghäuser Elle	= 57,3 cm
1 Fuß	= 28,726 cm (1850)

Holzmaße: Die Nürnberger Klafter.

Hohlmaße (trocken):
Getreidemaße:
Wintermaße:

	Neue Berechnung	Ältere Berechnung
1 Malter	= 212,384 l	206,930 l
1 Achtel	= 26,548 l	25,866 l
1 Metze	= 6,637 l	6,467 l

Sommermaße:

	Neue Berechnung	Ältere Berechnung
1 Malter	= 252,4 l	239,304 l
1 Achtel	= 31,55 l	29,913 l
1 Metze	= 7,877 l	7,478 l

Hohlmaße (naß):
Flüssigkeitsmaße:
1 Eimer	= 64 Eichmaß	= 36 Kanne
		= 68,256 l
1 Kanne	= 2 Schenkmaß	= 1,896 l
1 Eichmaß		= 1,066 l
1 Schenkmaß	= 2 Kärtchen	= 0,948 l
1 Kärtchen		= 0,474 l

In Hildburghausen sind auch Maße aus Eisfeld, Behrungen, Held-burg, Römhild und Themar anzufinden.

Hintergericht

Maße siehe Kaltennordheim.

Hirschberg (a. d. Saale)

Körpermaße: (Hofer Gemäß)
    1 Kanne   = 1,145 l
    1 Eimer = 64 Kannen   = 73,28 l
    1 Scheffel Getreidemaß   = 2,1984 hl
    1 Achtel Getreidemaß = 24 Kannen   = 27,48 l

Längen- und Flächenmaße (auch siehe Gera):
    1 Elle (alte Hofer Elle)   = 0,636821 m

Alle anderen Maße wie Schleiz.

Hönbach

Getreidemaß wie Coburg.

Hof

Siehe Hirschberg.

Hohenleuben

Elle siehe Schleiz, die anderen Maße siehe Gera.

Holzhausen

Siehe Leipzig.

Ilm

Siehe Stadtilm.

Ilmenau

Hohlmaße wie Arnstadt.

Jena

Hohlmaße:

1 Jenaer Scheffel	= 160,12 l
Amt Heusdorf:	
1 Jenaischer Zinsscheffel	= 164,71 l
Amt Dornburg und Kapellendorf:	
1 Jenaischer Zinsscheffel	= 158,43 l
1 Jenaer Viertel	= 40,03 l
1 Jenaer Achtel	= 20,01 l
1 Jenaer Maß	= 10,01 l
1 Jenaer Metze	= 5,004 l
1 Jenaer Kanne	= 1,00 l
1 Jenaer Nösel	= 0,5 l

Weitere Maße auch siehe Weimar.

Kahla

Hohlmaße:

1 Scheffel	= 4 Viertel	= 153,434122 l
1 Viertel	= 4 Maß	= 38,358539 l
1 Maß		= 9,5896326 l
1 Kanne (48 preußische Kubikzoll)		= 0,8587731 l

Hier sind auch die Rodaer und Jenaer Maße sowie die Maße von Altenburg gebräuchlich.

Kalenberger Maß

Siehe Hannover.

Kaltennordheim

Hohlmaße (trocken):
Getreidemaße:
Kaltennordheimer oder Henneberger Gemäß:

1 Malter	= 8 Maß	= 167,50 l
1 Maß	= 4 Metzen	= 20,938 l
1 Metze	= 4 Köpfchen	= 5,23 l
1 Köpfchen		= 1,31 l

Amt Lichtenberg (Kaltensundheim, Mittelsdorf, Wohlmuthausen, Gerthausen, Schafhausen und Helmershausen):

1 Malter	= 163,73 l
1 Maß	= 20,47 l
1 Metze	= 5,12 l
1 Köpfchen	= 1,28 l

Hohlmaße (naß):
Schenkmaße:
1 Kaltennordheimer, auch Wächterswinkler Schenkmaß = 1,04 l
1 Kaltensundheimer Schenkmaß = 1,43 l

Weitere Maße siehe Weimar, Holzmaß siehe Eisenach.

Kaltensundheim

Siehe Kaltennordheim.

Kleinliebringen

(Amts-) Boden- oder Geschoßgemäß für Getreide:

1 Scheffel	= 4 Viertel	= 131,5582 l
1 Viertel	= 2 Achtel	= 32,8896 l
1 Achtel	= 2 Metzen	= 16,4448 l
1 Metze	= 20 Nösel	= 8,2224 l
1 Nösel		= 0,4111 l

Knobelsdorf

Wie Breternitz.

Königsee

Getreidemaße (Einteilung wie Kleinliebringen):
  Marktgemäß wie Stadtilm.
  (Amts-) Bodengemäß:

1 Scheffel	= 143,9264 l
1 Viertel	= 35,9816 l
1 Achtel	= 17,9908 l
1 Metze	= 8,9954 l
1 Nösel	= 0,4498 l

Weitere Maße siehe Rudolstadt und Schaumburg.

Königshofen

Getreidemaße:
  Kornmaße:

1 Malter	= 8 Maß	= 144,912 l
1 Maß	= 2 Vierlinge	= 18,114 l
1 Vierling		= 9,057 l

  Hafermaße:

1 Malter	= 199,533 l
1 Maß	= 24,941 l
1 Vierling	= 12,471 l

Könitz

(Amts -) Bodengemäß für Getreide:

1 Scheffel	= 4 Viertel	= 8 Achtel
		= 172,0497 l
1 Achtel	= 2 Metzen	= 21,562 l
1 Viertel		= 43,0124 l
1 Metze	= 20 Nösel	= 10,7531 l
1 Nösel		= 0,5377 l

Kranichfeld

Flächenmaß:
    1 Acker   = 32,69 a (1810)

Hohlmaße (naß):
    Weinmaße:
        1 Eimer   = 86,685 l
        1 Maß   = 1,204 l (1810)
        1 Nösel   = 0,602 l (1810)

Holzmaße:
    1 Klafter = 144 Kubikfuß Leipziger Maß = 3,27 cbm
    1 Fuß   = 0,28319 m

Längenmaß:
    1 Elle   = 0,566 m

Bei alten Maßen sind die Gothaer und danach die Meininger und Saalfelder Maße gebräuchlich. Getreide- und Flüssigkeitsmaße aber wie Weimar.

Langensalza, Bad

Langensalza wurde 1815 preußisch, vordem wurde mit dem Sächsischen Maß gemessen.

„12 Langensalzer Mäßchen zu 3,8 Litern ergeben den Nordhäuser Scheffel, der 45,6 Liter Inhalt hatte. Da aber mit Erfurt, Gotha, Mühlhauen viele direkte Handeslsbeziehungen durchgeführt wurden, mußte auch mit den Gemäßen dieser Städte gerechnet werden."
Hermann Fiedler 1962, Archiv Stadt Bad Langensalza

Flächenmaße:

1 Quadratrute zu 12 Fuß	= 14,184579 qm
1 Quadratrute zu 14 Fuß	= 19,306 qm
1 Quadratfuß	= 0,09850 qm
1 Quadratzoll	= 6,84 qcm
1 Quadratlinie	= 4,75 qmm
1 Preußischer Morgen (zu 12 Fuß)	= 180 Quadratruten
	= 25,5322 a
1 Quadratlachter (Bergbau)	= 4,3780 qm
1 Hufe	= 7,66 ha (1850)
1 Hakenhufe = 2 große Morgen	= 11 347,66 qm
1 Landhufe = 1 großer Morgen	= 5673,83 qm
1 Sechziger	= 2,84 a (1850)

Gewichtsmaße:

1 Last	= 60 Zentner (bei Kohle)
1 Zentner = 110 Pfund	= 51,448 kg (vor 1818)
	= 50 kg (nach 1858)

1 Krämerpfund		= 485,36 g (vor 1816)
		= 467,711 g (1816-1858)
		= 500 g (ab 1. Juli 1858)
1 Apothekerpfund		= 350,783 g
1 Stein		= 22 Pfund bei Wolle
		= 10 Pfund bei Federn
1 Karat für Juwelen		= 205,537 Milligramm
1 Gran für Apotheker		= 0,049 g (1826)
1 Unze für Apotheker		= 29,212 g (1820)
		= 29,232 g (1837)
1 Lot		= 16,667 g
		= 14,606 g (vor 1816)
1 Medizinalpfund		= 350,783 g
1 Passierdukat		= 383 g (1850)
1 Pinte		= 411g - 462 g (1850)
1 Steinrute		= 13,355 cbm

Hohlmaße (trocken):
  Getreidemaße:

1 Last	= 72 Scheffel	= 3 957,192 l
1 Mäßchen		= 0,86 l
1 Malter	= 12 Scheffel	= 695,5 l
1 Scheffel	= 16 Metzen	= 54,96150 l
1 Metze		= 3,435094 l
		= 3,435 l (ab 1816)

  Im Privatverkehr auch:

1 Wispel	= 2 Malter	= 1319,07 l
1 Malter	= 12 Scheffel	= 659,5380 l
	(vor 1816 1374 l und 1841 659,544 l)	
1 Scheffel	= 4 Viertel	= 54,961 l
1 Viert	= 4 Metzen	= 13,740376 l
1 Metze	= 4 Mäßchen	= 3,4351 l
1 Mäßchen		= 0,858773 l
1 Tonne (Getreidemaß)		= 137,403 l (1850)

Hohlmaße (naß):

Flüssigkeitsmaße:

1 Fuder	= 4 Oxhoft	= 824,4 l (auch 1850)
1 Oxhoft = 1,5 Ohm	= 3 Eimer	= 206,1 l
1 Ohm = 2 Eimer zu 2 Anker		= 137,404 l
1 Anker	= 30 Quart	= 34,3 l
1 Eimer = 60 Preußische Quart		= 68,70 l
1 Quart	= 64 Kubikzoll	= 1,145031 l
1 Oesel		= 0,57 l (Weinmaß)

Bier:

1 Gebräude Bier = 9 Kufen = 18 Faß = 36 Tonnen
= 4122 l

1 Faß	= ca. 229 l
1 Tonne (Biermaß)	= 89,2 l (vor 1819)
	= 114,5 l (ab 1819)

Körpermaße:

1 Klafter	= 108 Kubikfuß	= 3,3 cbm
1 Kubikrute	= 1728 Kubikfuß	= 53,422578 cbm
1 Kubikfuß	= 1728 Kubikzoll	= 0,030916 cbm
1 Kubikzoll		= 17,891 cbcm
1 Schachtrute	= 144 Kubikfuß	= 4,45 cbm

(1 Rute lang, 1 Rute breit und 1 Fuß hoch. Sie ist im Bauwesen gültig.)

Längenmaße:

1 Rute	= 12 Fuß	= 3,766242 m
1 Fuß	= 12 Zoll	= 31,3853 cm
1 Zoll	= 12 Linien	= 2,615 cm (1819-1870)
		= 1,961 cm (1773)
1 Linie		= 2,18 mm
1 Elle		= 66,6939 cm

Die Preußische Elle wird 1816 mit 87,092 cm und 1870 auch mit 66,694 cm angegeben.

1 Lachter   (Bergbaumaß)   = 2,09 2357 m
= 8 Achtel zu 10 Lachterzoll zu 10 Primen zu 10 Sekunden.
1 Meile = 2000 Ruten = 7532,485 m (1819-1870)
1 Klafter   = 1,833 m (1850)
1 Strähn   (Leinengarn)   = 2743,18 m
          (Baumwolle/Wolle) = 768,09 m
          (Streichgarn)   = 1467,27 m

Raummaß:
    1 Kummt für Torf   = 4,278 cbm (1850)

Zählmaß:
    1 Kip   = 600 Stück (1850)

Weitere Maße siehe aber auch in Erfurt, Mühlhausen, Nordhausen und Vacha.

Lehesten

Hohlmaße (trocken):
  Gebräuchlich der Gräfentaler Marktscheffel, aber auch
  auf dem Lehestener herrschaftlichen Fruchtboden der
  (Amts-) Bodenscheffel:
    Korngemäß:
      1 Scheffel = 1,18 Gräfentaler Marktkornscheffel = 220,36 l
      1 Viertel   = 2 Achtel = 55,0902 l
      1 Achtel   = 2 Metzen = 27,5451 l
      1 Metze   = 13,7726 l

    Hafergemäß:
      1 Scheffel = 0,88 Gräfentaler Marktscheffel = 220,3583 l
      1 Viertel   = 55,0896 l
      1 Achtel   = 27,5448 l

Längenflächen und Körpermaße siehe Nürnberg.

Leipzig

Flächenmaße:

1 Acker = 2 Morgen = 300 Feldmesser-Quadratruten
= 0,55342 ha

1 Hufe	= 60 Morgen	= 166027 Quadratmeter
1 Morgen	= 1 Scheffel Landes	= 0,5 Acker
	= 150 Quadratruten	= 2767,11 Quadratmeter
1 Feldmesserquadratrute		= 57,5 Quadratellen
		= 18,447 Quadratmeter
1 Straßenquadratrute		= 20,53 Quadratmeter
1 Scheffel = 150 Quadratruten		= 2767,11 Quadratmeter

Gewichtsmaße:

1 Zentner = 5 Steine	= 110 Pfund
	= 51,402 kg
1 Lot = 1/30 Pfund	= 16,667 g
1 Krämerpfund	= 32 Lot	= 467,289 g
1 Apothekerpfund = 24 Lot	= 350,783 g
1 Stein = ca. 20 Pfund	= ca. 10 kg

Körpermaße:

1 Kubikelle	= 0,18 cbm
1 Kubikfuß	= 0,02 cbm
1 Kubikzoll	= 0,13 cbm
1 Schragen	= 3 Klafter Holz

Hohlmaße (trocken):

1 Wispel = 2 Malter = 24 Scheffel	= 96 Viertel
= 1536 Mäßchen	= 384 Metzen = 2492 l
1 Schachtrute (für Steine)	= 11,628 cbm
= 8 Ellen Länge, 8 Ellen Breite und 1 Elle Höhe
1 Scheffel	= 16 Metzen	= 103,83 l

1 Viertel	= 1/4 Scheffel	= 25,98 l
1 Metze	= 4 Mäßchen	= 6,4893 l
1 Mäßchen		= 1,6223 l

Hohlmaße (naß):

1 Eimer	= 72 Kannen	= 67,362 l
1 Kanne	= 2 Nösel	= 0,93559 l
1 Hose	= 24 Kannen	= 22,45 l
1 Fuder Wein	= 12 Eimer	= 808,32 l
1 Faß Wein	= 6 Eimer	= 404,16 l
1 Faß Bier	= 4 Tonnen zu 2 Eimern	= 393 l
1 Tonne Bier		= 105 Dresdner Kannen
		= 98,2 l

Holzmaße:

1 Klafter - von 6 Fuß Höhe und 6 Fuß Breite bei einer Scheitlänge von:

9/8 Ellen	= 1,8396 cbm
6/4 Ellen	= 2,4528 cbm
7/4 Ellen	= 2,8166 cbm
8/4 Ellen	= 3,2704 cbm
9/4 Ellen	= 3,6792 cbm

Längenmaße:

1 alte sächsische Meile	= 7419,58 m
1 sächsische (seit 1840) dann 1871 deutsche Meile	= 7500 m
1 Feldmesserrute = 15 Fuß = 2 Zoll	= 4,295 m
1 Straßenrute = 16 Fuß	= 4,531 m
1 Leipziger Elle = 2 Fuß = 24 Zoll	= 0,56638 m
1 Quadratelle	= 0,32079 qm
1 Kubikelle	= 0,18169 cbm
1 Lachter	= 2 m
1 alter Lachter	= 1,982 m
1 Stab = 2 Ellen	= 1,132 m
1 Leipziger Klafter = 3 Ellen	= 1,699 m

Leipziger Baufuß:

1 Fuß = 12 Zoll = 144 Linien = 0,28319 m
1 Zoll = 2,3599 cm
1 Linie = 1,9666 mm

Diese Maße werden in der amtlichen sächsischen Umrechnung als sächsische Maße bezeichnet.

Leipziger Ratsmaß:

1 Fuß = 12 Zoll = 0,282 m
1 Zoll = 2,355 cm
1 Linie = 1,96 mm

Die Rute wird zu 12 (gewöhnlich), 16 (sogenannte sächsische Landrute) und 20 (so im Amt Camburg) Ratsfuß gerechnet.

1 Rute = 12 Fuß = 3,39180 m
1 Rute = 16 Fuß = 4,52240 m
1 Rute = 20 Fuß = 5,663 m
1 Schachtrute = 9,084 m

Lengsfeld

Sonst wie Fischberg mit folgenden Ausnahmen:

1 Lengsfelder Handelselle = 57 cm
1 Lengsfelder Stadtmetze = 11,90 l
1 Lengsfelder Schenkmaß = 1,02 l
1 Lengsfelder Schenknösel = 0,51 l

Leutenberg

(Amts-) Bodengemäß für Getreide:

1 Scheffel = 16 Metzen = 178,45 l
1 Metzen = 20 Nösel = 11,1335 l
1 Nösel = 0,5577 l
1 Achtel = 21,46 l (um 1840)

Lichtenberg

Siehe Kaltennordheim.

Lichtenhain (bei Jena)

Getreidemaß wie Jena, sonst wie Camburg.

Liebenstein (Amt)

Siehe Breitungen.

Lobenstein

Holzmaße:
    1 Klafter - 6 Nürnberger Fuß Weite, 6 Fuß Höhe,
    3 3/4 Fuß Scheitlänge = 126 Nürnberger Kubikfuß
                                    = 3,54 cbm

Körpermaße:
1 Eimer = 72 Kannen	= 64,35 l
1 Kanne	= 0,8937 l
1 Scheffel Kornmaß	= 2,0016 hl
1 Achtel Kornmaß = 28 Kannen	= 25,02 l
1 Scheffel Hafermaß	= 2,4312 hl
1 Achtel Hafermaß = 34 Kannen	= 30,39 l

1 Achtel	= 4 Metzen

Längenmaße (auch wie Gera):

1 Elle	= 59,0644 cm
1 Nürnberger Fuß	= 30,4 cm

Als Bruchsteinmaß ist bei dem Chausseebau die Geraische Rute und im Privatverkehr die Schleizer Schachtrute gültig. Die Bergmaße und Flächenmaße gelten wie in Gera und andere Maße wie in Hirschberg.

Magdeburg

Der Magdeburger Morgen (in Schwarzburg - Sondershausen gebräuchlich) ist der preußische Morgen = 25,5322 a.

Manebach

Kohlenmaß siehe Gotha.

Maßfeld (Amt)

Wie Meiningen, nur ist der Henneberger Fuß gebräuchlich.

Mecklenburg

Flächenmaße:
1 Hufe = 300 Rostocker Scheffel
    in Mecklenburg-Schwerin = 13,007 ha
1 Hagenhufe (auch Hägerhufe)
    in Mecklenburg-Strelitz = 2,08 ha
    in Mecklenburg-Schwerin = 1,56 ha
1 Morgen
    in Mecklenburg-Strelitz = 300 Quadratruten
    = 6503,59 qm
    in Mecklenburg-Schwerin = 240 Quadratruten
    = 5202,8 qm
1 Morgen Forstland = 100 meckl. Quadratruten
    = 2167,9 qm
1 Mecklenburger Quadratruten = 21, 54 qm
1 Landscheffel in Mecklenburg-Strelitz = 100 Quadratruten
    = 2167,9 qm
1 Landhufe = 20,812 ha (1850)
1 Last = 13,007 ha (1850)

Gewichtsmaße:
Mecklenburg-Schwerin:
1 Last = 40 Zentner = 2 Tonnen = 2171,48 kg
1 Zentner = 112 Pfund = 50,823 kg (1757-1861)
    = 48,4028 kg (ab 1861)
1 Apothekerpfund = 350,781 g
1 Apothekerskrupel = 1,1218 g
1 Apothekerunze = 29,232 g
1 Krämerpfund = 484,709 g
1 Schiffspfund = 135,7169 kg

Mecklenburg-Strelitz:

1 Zentner = 5 schwere Steine   = 10 leichte Steine
             = 110 Pfund   = 53,307 kg
1 Pfund   = 48,4609 kg (1757-1861)
    = 46,7711 kg (ab 1861)
1 Krämerpfund   = 467,289 g
1 Apothekerpfund   = 350,783 g
1 Liespfund   = 6,548 kg (1752)

Rostock:

1 Liespfund   = 6,786 kg
    = auch 7,803 kg (1850)
1 Pfund   Krämergewicht   = 48,403 kg
           Stadtgewicht   = 53,364 kg
           Handelsgewicht   = 54,287 kg (1850)

Hohlmaße (trocken):

1 Last = 4 Wispel = 8 Drömt   = 96 Scheffel
    = 3733,4 l   (1850)
1 Drömt   = 12 Scheffel   = 406,811 l
           in Mecklenburg-Schwerin = 466,675 l
           in Mecklenburg-Strelitz = 687,02 l
           in Rostock (1800)   = 462,445 l
1 Sack   = 6 Scheffel   = 203,4221 l
1 Scheffel
           in Mecklenburg-Strelitz   = 54,727 l
           in Mecklenburg-Schwerin = 38,889 l
1 Rostocker Haferscheffel   = 43,8 l
1 Tonne   = 4 Scheffel   = 135,6 l
1 Wispel   = 813,6 l

Hohlmaße (naß):

1 Fuder = 4 Oxhoft = 6 Ohm   = 24 Anker = 30 Eimer
     = 120 Viertel = 240 Stübchen = 480 Kannen
               = 960 Pot   = 864 l
1 Tonne = 4 Viertel = 64 Kanne = 128 Pot = 115,2 l
1 Stübchen   = 0,9 l
     Wein auch   = 3,879 l (1859)
1 Ohm in Meckl.-Strelitz   = 144,96 l (1850)
1 Pot in Meckelenburg-Strelitz = 0,906 l (1850)
     in Mecklenburg-Schwerin = 0,8 l
1 Viertel Bier
     in Meckelnburg-Schwerin = 31,032 l (1850)
1 Kanne Bier
     in Mecklenburg-Schwerin = 1,1811 l
     in Meckelenburg-Strelitz = 1,939 l

Körpermaße:

1 Mecklenburger Faden   = 3,462 cbm

Längenmaße:

1 Elle = in Mecklenburg-Strelitz = 66,71 cm
     in Wismar   = 58,3 cm
     in Mecklenburg-Schwerin = 57,3 cm
1 Fuß = 12 Zoll   = 29,1 cm
                              = 28,65 cm (1850)
1 Bau- oder Werkfuß = 12 Zoll = 28,65 cm
1 Rostocker Fuß   = 0,289 m
1 Zoll   = 2,388 cm
1 Meile   = 7532,485 m
     in Mecklenburg-Strelitz = 7533 m (1850)
1 Rute = 8 Ellen = 16 Fuß   = 4,656 m
1 Rostocker Rute = 8 Ellen   = 4,603 m

Zählmaß:
>1 Tult in Mecklenburg-Schwerin = 12 Bretter

Meiningen

Flächenmaß:
>1 Acker   = 28,997 a (1840)

Gewichtsmaß:
>1 Zentner   = 51 kg

Hohlmaße (trocken):
>Meininger Normalmaß (Landesmaß) 1856/1869:
>1 Malter = 8 Maß = 32 Metzen = 167,1016 l
>1 Maß   = 20,8877 l
>1 Metze   = 5,2219 l

Hohlmaße (naß):
>1 Eimer = 64 Eichmaß oder 72 Schänkmaß zu 2 Kärtchen
>1 Eimer   = 73,54 l
>1 Schänkmaß   = 1,0214 l
>1 Kärtchen   = 0,5107 l
>1 Eichmaß   = 1,149 l
>1 Tonne   = 65,45 l (1850)

>Weinmaße:
>1 Eimer   = 32,725 l (1850)
>1 Maß   = 0,531 l (1850)
>Biermaße:
>1 Eimer   = 36,915 l (1850)
>1 Maß   = 1,013 l (1850)

Holzmaße:
  Die Meininger Normalklafter (1856 und 1869):
    1 Klafter = 144 Kubikfuß Leipziger Maß
              = 3,2708 cbm
              = 6 Fuß weit und hoch,
                mit 4 Fuß Scheitlänge

    aber auch
    1 Klafter   = 2,861 cbm
                                 = die Scheitlänge nur 3,5 Fuß,
                                   Inhalt 126 Kubikfuß

Nach der Gothaischen Landesordnung:
    1 Klafter   = 13,5 Kubikellen
    1 Elle   = 0,56 m = 2,3708 cbm

Nach der Altenburgischen Landesordung :
    1 Klafter   = 18 Kubikellen
    1 Elle   = 0,545 m = 2,91 cbm

Das Altensteiner Holzmaß wurde am 24. Februar 1806
für alle unterländischen Waldungen vorgeschrieben. Es
wurde später durch die Meininger Normalklafter verdrängt.

Leipziger Klafter = 126 Kubikfuß Leipziger Ratsmaß
                   = 2,842 cbm
    1 Leipziger Fuß = 0,28265 m

Längenmaße:
    1 Meininger Elle   = 55,85 cm
    Meininger Vermessungsfuß: siehe Nürnberg.
    Meininger Holzfuß: siehe Leipzig.
    Meininger Baufuß:
      1 Rute   = 12 Fuß   = 3,508 m
      1 Baufuß   = 29,2 cm (1850)
      1 Quadratrute   = 12,311 qm

1 Fuß	= 12 Zoll	= 0,292396 m
1 Quadratfuß		= 0,085 qm
1 Kubikfuß		= 0,0249 cbm
1 Zoll	= 12 Linien	= 2,436 cm
1 Quadratzoll		= 5,937 qcm
1 Kubikzoll		= 14,466 ccm
1 Linie		= 2,030 mm
1 Meininger Stadtrute		= 3,6186 m

Raummaß:

1 Maß	= 0,021 cpm (1850)

Im Kreis Meiningen, sowie in verschiedenen meiningischen Orten oder Ämtern gelten noch Nürnberger, Fuldaer, Coburger, Eisenacher, Schmalkaldener, Schleusinger und Suhler Gemäße.

Mellrichstadt

Getreidemaße:

Kornmaße:

1 Malter	= 8 Maß	= 115,449 l
1 Maß	= 2 Vierlinge	= 14,431 l
1 Vierling		= 7,216 l

Hafermaße:

1 Malter	= 176,973 l
1 Maß	= 22,122 l
1 Vierling	= 11,061 l

Milda

Getreidemaß siehe Kahla, sonst wie Saalfeld.

Mosen

Getreidemaß siehe Ronneburg, sonst wie Saalfeld.

Mühlhausen

Flächenmaße:
1 Acker	= 160 Quadrat-Feldruten	= 24,736 a
1 Hufe Acker	= 120 Quadrat-Feldruten	= 18,552 a
1 Wald Acker	= 160 Quadratruten	(auch Teichacker)
		= 32,308 a
1 Waldhufe	= 120 Quadrat - Waldruten	= 24,231 a

Hohlmaße (trocken):
1 Malter = 4 Scheffel = 16 Metzen = 64 Mäßchen

1 Malter	= 161,312 l
1 Scheffel	= 40,328 l
	= 50 l (ab 1871)
1 Metze	= 10,082 l
1 Mäßchen	= 2,521 l

Hohlmaße (naß):
  Wein- und Branntweinmaße:
    1 Eimer = 18 Kannen = 36 Maß = 72 Nösel = 36,755 l
    1 Kanne   = 2,042 l
    1 Maß   = 1,021 l
    1 Nösel   = 0,511 l

  Biermaße:
    1 Faß = 5 Eimer = 100 Kannen = 200 Maß
                                 = 400 Nösel
    1 Faß   = 174,875 l
    1 Eimer   = 34,975 l
    1 Kanne   = 1,7488 l
    1 Maß   = 0,8744 l
    1 Nösel   = 0,4372 l

Längenmaße:
    1 Fuß   = 28,085 cm (auch 1850)
    1 Elle   = 56,057 cm
    1 Feldrute   = 14 Fuß   = 3,9319 m
    1 Wald/Teichrute   = 16 Fuß   = 4,4936 m

Weitere Maße wie Erfurt oder Preußen.

Nahwinden

(Amts-) Boden- oder Geschoßmaße:
    1 Scheffel = 16 Metzen   = 137,5248 l
    1 Metze = 20 Nösel   = 8,5953 l
    1 Nösel   = 0,4298 l

Neuhaus

Das Amt Neuhaus gehörte früher zu Sachsen-Meiningen und in noch tieferer Vergangenheit zu Coburg.

1 Simmer Winterfrucht	= 4 Viertel	= 96,377 l
1 Viertel Winterfrucht	= 4 Metzen	= 24,094 l
1 Metze Winterfrucht		= 6,024 l
1 Simmer Sommerfrucht		= 109,905 l
1 Viertel Sommerfrucht		= 27,476 l
1 Metze Sommerfrucht		= 6,869 l

Neustadt a. d. Orla

Hohlmaße:

1 Neustädter Scheffel	= 112,15 l
1 Neustädter Viertel	= 28,04 l
1 Neustädter Metze	= 7,01 l
1 Neustädter Eimer	= 68,70 l
1 Neustädter Kanne (naß)	= 0,86 l
(trocken)	= 0,95 l
1 Neustädter Bierglas	= 0,64 l
1 Neustädter Seidel	= 0,60 l

Holzmaß:

1 Klafter, 6/4 ellige Scheite	= 2,42 cbm
1 Klafter	- 3 Ellen breit und hoch,
	die Scheitlänge beträgt 3/4 Ellen

Für das Feldmaß sind auch Weidaer und Leipziger Maß gültig.

Nordhausen

Flächenmaße:
    1 Acker = 160 Quadratruten   = 27,716 a

Gewichtsmaße:
    1 Zentner = 114 Pfund   = 53,285 kg (vor 1816)

Hohlmaße (trocken):
    1 Scheffel = 12 Mäßchen   = 45,632 l
                          = 50 l (ab 1871)
    1 Viertel   = 11,41 l
    1 Metze   = 2,85 l
    1 Mäßchen   = 3,80 l
    1 Marktscheffel = 12 Scheffel   = 144 Mäßchen
                          = 547,584 l
    1 Heymetzen   = 2 1/2 Metzen Nordhäuser Maß

Hohlmaße (naß):
    1 Faß = 3 Ohm = 4 Tonnen = 114 Stübchen
        = 228 Kannen = 456 Maß = 912 Nösel
    1 Tonne   = 249,27 l
    1 Maß = 2 Nösel   = 2,1866 l

    Biermaße:
    1 Nösel   = 1,043 l
    1 Ohm   (18. Jahrhundert)   = 151,333 l
    1 Bierfaß   = ca. 454 l (um 1750)

    Weinmaß:
    1 Weinfaß   = 120,286 l (1850)

Längenmaße:

1 Werkfuß	= 12 Zoll zu 12 Linien	= 29,27 cm
1 Elle		= 55,49 cm
1 Rute	= 10 Feldfuß	= 6,24046 m
1 Feldfuß		= 62,4046 cm

Weitere Maße wie in Preußen.

Nürnberg

Ackermaße:

Nürnberger Acker:

1 Acker (= 160 12 schuhige Quadratruten) = 0,2128 ha
(= 160 14 schuhige Quadratruten) = 0,2897 ha
(= 160 16 schuhige Quadratruten) = 0,3785 ha

Nürnberger Morgen

war bei Feld und Wald, aber auch bei Wiesen, Weiden und Teichen gebräuchlich:

1 Morgen = 200 große (16 schuhige) Quadratruten
= 0,473 ha

Längen- , Flächen- und Körpermaße:

Normal- oder Vermessungsfuß (auch Schachtschuh):

1 Rute = 14 Fuß oder auch Schuh	= 4,256 m
1 Quadratrute	= 18,11 qm
1 Schachtrute	= 5,505 cbm
1 Fuß (Schuh) = 12 Zoll	= 0,303975 m
1 Quadratfuß	= 0,092 qm
1 Kubikfuß	= 0,028087 cbm
1 Zoll = 12 Linien	= 2,533 cm

Die große Rute:

1 Rute	= 4,863 m
1 Schachtrute	= 7,19 m

Gebräuchlich in einigen Orten des Kreises Meiningen, Hildburghausen, Sonneberg und in der Stadt Lehesten.

Die kleine Rute:

1 Rute = 12 Fuß	= 3,647 m
1 Schachtrute	= 4,044 m
1 Nürnberger Elle	= 0,656 m
1 Fuß (Schuh) = 12 Zoll	= 0,303975 m
1 Quadratfuß	= 0,092 qm
1 Kubikfuß	= 0,028087 cbm
1 Zoll = 12 Linien	= 2,533 cm

Holzmaß:

1 Nürnberger Klafter (6 Fuß hoch und weit, 4 Fuß Scheitlänge) = 4,04 cbm

Hohlmaße (trocken):

Wintergemäß:

1 Diethäuflein = 2 Maß	= 2,485 l
1 Simmer = 2 Malter	= 318,115 l
1 Malter = 8 Metzen	= 159,058 l
1 Metze = 4 Diethaufen	= 19,882 l
1 Diethaufen = 2 Diethäuflein	= 4,971 l
1 Maß	= 1,243 l

Sommergemäß:

1 Simmer = 4 Malter	= 588,3488 l
1 Malter = 8 Metzen	= 147,0872 l

1 Metze		= 18,3859 l

Hohlmaße (naß):

Nürnberger Eimer:

1 Eimer	= 36 Kannen	= 73,29 l
1 Kanne	= 2 Maß	= 2,035 l
1 Maß	= 2 Kärtchen	= 1,017 l
1 Kärtchen		= 0,508 l

Nürnberger Visier- oder Stadteimer:

1 Eimer	= 32 Visier-Viertel	= 73,29 l
1 Visier-Viertel		= 69 Visiermaß
1 Visiermaß		= 2 Seidel
1 Seidel	= 4 Achtel	= 0,57258 l
1 Schenkmaß	= 4 Schoppen	= 1,07854 l
1 Schoppen		= 0,26964 l

Orlamünde

Hohlmaße (trocken):

1 Scheffel	= 4 Viertel	= 132,823568 l
1 Viertel	= 4 Maß	= 33,205892 l
1 Maß		= 8,301473 l
1 alte Orlamünder Kanne (für trocken und naß)		
		= 0,9541923 l

Hinweis: weitere Maße siehe Altenburg.

Osthausen

Getreidemaß wie Arnstadt, sonst wie Saalfeld.

Ostheim

1 Malter	Korngemäß	= 117,64 l
	Hafergemäß	= 169,40 l
1 Maß	Korngemäß	= 14,71 l
	Hafergemäß	= 21,18 l
1 Metze	Korngemäß	= 3,68 l
	Hafergemäß	= 5,29 l
1 Köpfchen	Korngemäß	= 0,92 l
	Hafergemäß	= 1,32 l

Hinweis: Weitere Maße wie Kaltennordheim. In der Region finden sie auch einzelne Henneberger Getreidemaße .

Paulinzella

(Amts-)Bodengemäß für Getreide:

1 Scheffel	= 4 Viertel		= 144,3575 l
1 Viertel	= 8 Achtel		= 36,0894 l
1 Achtel	= 2 Metzen		= 18,0447 l
		um 1840	= 17,56 l
1 Metze	= 20 Nösel		= 9,0223 l
1 Nösel			= 0,4511 l

Maße aus Rudolstadt sind hier ebenso gebräuchlich.

Pforta

Gebräuchlich: Maße aus Leipzig.

Pößneck

Getreidemaße:

1 Scheffel	= 4 Viertel	= 98,656 l
1 Viertel	= 2 Achtel	= 24,664 l
1 Achtel	= 2 Metzen	= 12,332 l

Brandenburg - Preußen (auch Rheinland)

Flächenmaße:

1 Quadratrute zu 12 Fuß	= 14,184579 qm
1 Quadratrute zu 14 Fuß	= 19,306 qm
1 Quadratfuß	= 0,09850 qm
1 Quadratzoll	= 6,84 qcm
1 Quadratlinie	= 4,75 qmm
1 Preußischer Morgen (zu 12 Fuß)	= 180 Quadratruten
	= 25,5322 a
1 Quadratlachter (Bergbau)	= 4,3780 qm
1 Hufe	= 7,66 ha (1850)
1 Hakenhufe = 2 große Morgen	= 11 347,66 qm
1 Landhufe = 1 großer Morgen	= 5673,83 qm
1 Sechziger	= 2,84 a (1850)

Gewichtsmaße:

1 Last	= 60 Zentner (bei Kohle)
1 Lot	= 16,667 g
1 Zentner = 110 Pfund	= 51,448 kg (vor 1818)
	= 50 kg (nach 1858)
1 Krämerpfund	= 485,36 g (vor 1816)
	= 467,711 g (1816-1858)
	= 500 g (ab 1. Juli 1858)
1 Apothekerpfund	= 350,783 g
1 Stein	= 22 Pfund bei Wolle
	= 10 Pfund bei Federn
1 Karat für Juwelen	= 205,537 mg
1 Gran für Apotheker	= 0,049 g (1826)
1 Unze für Apotheker	= 29,212 g (1820)
	= 29,232 g (1837)
1 Lot	= 16,667 g
	= 14,606 g (vor 1816)
1 Medizinalpfund	= 350,783 g
1 Passierdukat	= 383 g (1850)
1 Pinte	= 411g - 462 g (1850)
1 Steinrute	= 13,355 cbm

Körpermaße:

1 Klafter	= 108 Kubikfuß	= 3,3 cbm
1 Kubikrute	= 1728 Kubikfuß	= 53,422578 cbm
1 Kubikfuß	= 1728 Kubikzoll	= 0,030916 cbm
1 Kubikzoll		= 17,891 cbm
1 Schachtrute	= 144 Kubikfuß	= 4,45 cbm

(1 Rute lang, 1 Rute breit und 1 Fuß hoch. Sie war im Bauwesen gültig.)

Hohlmaße (trocken)
Getreidemaße:

1 Last	= 72 Scheffel	= 3 957,192 l
1 Mäßchen		= 0,86 l
1 Malter	= 12 Scheffel	= 659,5 l
1 Scheffel	= 16 Metzen	= 54,96150 l
1 Metze		= 3,435094 l
		= 3,435 l (ab 1816)

Nach weimarischer Aufstellung:

1 Metze	= 3 Quart	= 3,45 l

Im Privatverkehr:

1 Wispel = 2 Malter	= 1319,07 l
1 Malter = 12 Scheffel	= 659,5380 l
(vor 1816 1374 l und 1841 659,544 l)	
1 Scheffel = 4 Viertel	= 54,961 l
1 Viert = 4 Metzen	= 13,740376 l
1 Metze = 4 Mäßchen	= 3,4351 l
1 Mäßchen	= 0,858773 l
1 Tonne (Getreidemaß)	= 137,403 l (1850)

Hohlmaße (naß):
Flüssigkeitsmaße:

1 Fuder = 4 Oxhoft	= 824,4 l (auch 1850)
1 Oxhoft = 1,5 Ohm = 3 Eimer	= 206,1 l
1 Ohm = 2 Eimer zu 2 Anker	= 137,404 l
1 Anker = 30 Quart	= 34,3 l
1 Eimer = 60 preußische Quart	= 68,70 l
1 Quart = 64 Kubikzoll	= 1,145031 l
1 Nösel	= 0,57 l (Weinmaß)

Biermaße:

1 Gebräude Bier = 9 Kufen= 18 Faß = 36 Tonnen
= 4122 l

1 Faß = ca. 229 l

1 Tonne (Biermaß) = 89,2 l (vor 1819)
= 114,5 l (ab 1819)

Längenmaße:

1 Rute	= 12 Fuß	= 3,766242 m
1 Fuß	= 12 Zoll	= 31,3853 cm
1 Zoll	= 12 Linien	= 2,615 cm (1819-1870)
		= 1,961 cm (1773)
1 Linie		= 2,18 mm
1 Elle		= 66,6939 cm

Die preußische Elle wird 1816 mit 87,092 cm und 1870 auch mit 66,694 cm angegeben.

1 Lachter (Bergbaumaß) = 2,092357m
= 8 Achtel zu 10 Lachterzoll zu 10 Primen zu 10 Sekunden.

1 Meile = 2000 Ruten	= 7532,485 m (1819-1870)
1 Klafter	= 1,833 m (1850)
1 Prime (im Bergbau)	= 2,616 mm (vor 1871)
1 Strähn	= 2743,18 m (Leinengarn)
	= 768,09 m (Baumwolle/Wolle)
	= 1467,27 m (Streichgarn)

Raummaß:

1 Kummt für Torf = 4,278 cbm (1850)

Zählmaß:

1 Kip = 600 Stück (1850)

Weitere Maße siehe aber auch in Erfurt, Mühlhausen, Nordhausen und Vacha.

Probstzella

Probstzellaer Getreidemaß:

Wintergemäß:
1 Scheffel = 4 Viertel= 8 Achtel = 187,270 l
1 Viertel = 46,817 l
1 Achtel = 2 Metzen = 23,408 l
1 Metze = 11,704 l

Sommergemäß:
1 Scheffel = 248,880 l
1 Viertel = 62,220 l
1 Achtel = 31,110 l
1 Metze = 15,555 l

Getreidemaß auf herrschaftlichen Fruchtboden:
1 Probstzeller (Amts-)Bodenscheffel für Winterfrucht
= 0,9511 Gräfenthaler Marktkornscheffel.
1 Probstzeller (Amts-)Bodenscheffel für Sommerfrucht
= 0,7155 Gräfenthaler Marktscheffel.
1 Bodenscheffel Winterfrucht = 178,11 l
1 Bodenscheffel Somerfrucht = 178,07 l

Weitere Maße wie in Gräfenthal und Saalfeld.

Remda

Hohlmaße siehe Rudolstadt.

Reuß - ältere Linie (Greiz)

Flächenmaße:

    1 alte Quadratrute   = 20,452 Quadratmeter

    1 neue Quadratrute   = 14,185 Qudaratmeter

    1 alter Scheffel   = 3272,2 Quadratmeter

Längenmaße:

    1 Rute   = 3,766 m

Reuß - jüngere Linie (Gera)

Flächenmaße:

    1 Acker   = 37,847 a (1810)

    1 Alter Geraer Scheffel / Ackermaß = 160 Quadratruten

                                   = 2521,4 Quadratmeter

Gewichtsmaße:

    1 Zentner   = 51,438 kg

    1 Stein = 22 Krämerpfund   = 10,29 kg

Hohlmaße (trocken):

    1 Scheffel = 4 Viertel   = 103,83 l

    1 Maß (Geteidemaß)   = 4,042 l (1850)

    1 hl Weizen   = 80 kg

    1 hl Roggen   = 75 kg

    1 hl Gerste   = 70 kg

    1 hl Hafer   = 50 kg

Hohlmaße (naß):

    1 Eimer = 72 Kannen   = 68,70 l

    1 Kanne   = 0,95 l

Körpermaße:

126 Kubikfuß	= 2,84 cbm
90 Kubikfuß	= 2,03 cbm
72 Kubikfuß	= 1,62 cbm

Reuß - jüngere Linie (Schleiz)

Hohlmaße (naß und trocken):

1 Scheffel	= 4 Viertel	= 224 Kannen
		= 192,37 l
1 Viertel	= 2 Achtel = 4 Maß	= 48,09 l
1 Eimer		= 61,83 l
1 Kanne		= 0,86 l

Körpermaße:

1 Klafter Holz	= 3,344 cbm
1 Klafter Holz	= 3,321 cbm
1 Klafter Holz	= 2,441 cbm

Reuß

Getreidemaße:

1 Scheffel	= 4 Viertel	= 16 Maß
1 Eimer	= 72 alte Kannen	= 80 neue Kannen
1 Pfund		= 467,214 g (bis 1858)

Körpermaße:

1 preußischer Eimer	= 60 Quart	= 68,7 l
1 große Schachtrute	= 96 Kubikellen	= 17,342 cbm
1 kleine Schachtrute	= 27 Kubikellen	= 4,878 cbm
1 Klafter Holzmaß		= 2,75 cbm

Rheinland

Siehe Preußen.

Riechheim

Getreidemaße wie Arnstadt, sonst wie Saalfeld.

Roda

Siehe Stadtroda.

Römhild

Hohlmaße (trocken):
Wintergemäß:
1 Malter = 143,624 l
1 Achtel = 17,953 l
1 Metze = 4,488 l

Sommergemäß:
1 Malter = 210,832l
1 Achtel = 26,354 l
1 Metze = 6,588 l

Als Amtsgemäß gilt das Coburger Getreidemaß. Weitere Maße wie in Hildburghausen.

Längenmaße:
1 Römhilder Elle = 55,7 cm
1 Baufuß = 29,2 cm

Ronneburg

Hohlmaße (trocken):
1 Scheffel	= 4 Viertel	= 114,503076 l
1 Viertel	= 16 Maß	= 28,625769 l
1 Maß		= 7,16442 l

Hohlmaß (trocken und naß):
1 Kanne	= 0,8587731 l

Andere Maße wie in Altenburg.

Roßdorf

Siehe Fischberg.

Rudolstadt

Längenmaße:
1 Rudolstädter Fuß		= 28,22042 cm
1 Rudolstädter Elle	= 2 Fuß	= 56,44084 cm
1 Rudolstädter Rute	= 16 Fuß	= 4,5152672 m

Flächenmaße:
1 Rudolstädter Acker = 160 Quadratruten	= 0,326202 ha
1 Schwarzburger oder preußischer Morgen	= 0,255322 ha

Hohlmaße:

    1 Rudolstädter Maß   = 0,83239 l

  Marktgemäße:

   Amtliche rudolstädtische Aufstellung:

    1 Scheffel = 16 Metzen   = 189,3327 l

    1 Metze = 20 Nösel   = 11,8333 l

    1 Nösel   = 0,5917 l

   Amtliche weimarische Aufstellung:

    1 Rudolstädter Scheffel = 4 Viertel = 189,25 l

    1 Viertel = 2 Achtel   = 47,31 l

    1 Achtel = 2 Metzen   = 23,66 l

    1 Metze   = 11,83 l

   (Amts-) Bodengemäß: Einteilung wie Marktscheffel

    1 Scheffel   = 179,85 l

    1 Metze   = 11,24 l

    1 Nösel   = 0,56 l

Holzmaße:

    1 Klafter = 125 Kubikfuß (6 x 6 x 3,5 Rudolstädter Fuß)

                             = 2,83179 cbm

Es sind auch preußische Maße gebräuchlich.

Saalburg

Längenmaße:

    1 Baufuß   = 28,2655 cm

    1 Elle   = 60,6 cm

                             = 60,7 cm (1850)

    1 Zoll   = 2,36 cm (1850)

Weitere Maße wie Schleiz.

Saalfeld

Flächenmaße:

    Der Rheinische Morgen = 180 Quadratruten = 25,532 a

    Der Leipziger Morgen   = 160 Quadratruten

      Eine Rute zu 12 Schuh:

      1 Morgen   = 18,406 a

      1 a   = 8,69 Quadratruten

      Eine Rute zu 16 Schuh:

      1 Morgen   = 32,732 a

      1 a   = 4,88 Quadratruten

Hohlmaße (trocken):

    Marktscheffel:

1 Scheffel	= 8 Achtel	= 187,376 l
1 Achtel	= 2 Metzen	= 23,422 l
1 Metze	= 12 Maß	= 11,711 l
1 Maß		= 0,975 l

    Amtsscheffel:

1 Scheffel	= 0,9723 Marktscheffel
1 Bodenscheffel	= 182,186 l
1 Achtel	= 22,773 l
1 Metze	= 11,387 l
1 Maß	= 0,949 l

Hohlmaße (naß):

1 Eimer	= 72 Maß zu 2 Kärtchen / Nösel	
		= 66,997 l
1 Maß	= 2 Kärtchen	= 0,93 l
1 Kärtchen		= 0,464 l

Längenmaße:

1 (Leipziger) Elle = 0,566 m
1 Lachter (auch alter Freiberger) = 1,977 m

Fuß, Rute siehe Leipzig (Ratsmaße), mitunter auch Nürnberg.

Sachsen

Flächenmaße:

1 Acker = 2 Morgen = 300 Feldmesser-Quadratruten
= 0,55342 ha
1 Hufe = 60 Morgen = 166027 Quadratmeter
1 Morgen = 1 Scheffel Landes = 0,5 Acker
= 150 Quadratruten = 2767,11 Quadratmeter
1 Feldmesserquadratrute = 57,5 Quadratellen
= 18,447 Quadratmeter
1 Straßenquadratrute = 20,53 Quardratmeter
1 Scheffel = 150 Quadratruten = 2767,11 Quadratmeter

Gewichtsmaße:

1 Zentner = 5 Steine = 110 Pfund = 51,402 kg
1 Lot = 1/30 Pfund = 16,667 g
1 Krämerpfund = 32 Lot = 467,289 g
1 Apothekerpfund = 24 Lot = 350,783 g
1 Stein = ca. 20 Pfund = ca. 10 kg

Körpermaße:

1 Kubikelle = 0,18 cbm
1 Kubikfuß = 0,02 cbm
1 Kubikzoll = 0,13 cbm
1 Klafter Holz = ca. 2,7 cbm
1 Schragen = 3 Klafter Holz

Hohlmaße (trocken):

1 Wispel = 2 Malter = 24 Scheffel = 96 Viertel
= 1536 Mäßchen   = 384 Metzen = 2492 l

1 Schachtrute (für Steine)   = 11,628 cbm
= 8 Ellen Länge, 8 Ellen Breite und 1 Elle Höhe

1 Scheffel   = 16 Metzen   = 103,83 l
1 Viertel   = 1/4 Scheffel   = 25,98 l
1 Metze   = 4 Mäßchen   = 6,4893 l
1 Mäßchen   = 1,6223 l

Hohlmaße (naß):

1 Eimer   = 72 Kannen   = 67,362 l
1 Kanne   = 2 Nösel   = 0,93559 l
1 Hose   = 24 Kannen   = 22,45 l
1 Fuder Wein   = 12 Eimer   = 808,32 l
1 Faß Wein   = 6 Eimer   = 404,16 l
1 Faß Bier = 4 Tonnen zu 2 Eimern = 4 Kannen   = 393 l
1 Tonne Bier   = 105 Kannen = 98,2 l

Holzmaße:

1 Klafter -   von 6 Fuß Höhe und 6 Fuß Breite bei einer
               Scheitlänge von:

9/8 Ellen   = 1,8396 cbm
6/4 Ellen   = 2,4528 cbm
7/4 Ellen   = 2,8166 cbm
8/4 Ellen   = 3,2704 cbm
9/4 Ellen   = 3,6792 cbm

Längenmaße:

1 alte sächsische Meile   = 7419,58 m
1 sächsische (seit 1840) dann 1871 deutsche Meile
                                   = 7500 m

1 Feldmesserrute = 15 Fuß   = 2 Zoll
                                       = 4,295 m
1 Straßenrute = 16 Fuß   = 4,531 m
1 Leipziger Elle = 2 Fuß = 24 Zoll = 0,56638 m
1 Quadratelle   = 0,32079 qm
1 Kubikelle   = 0,18169 cbm
1 Lachter   = 2 m
1 alter Lachter   = 1,982 m
1 Stab = 2 Ellen   = 1,132 m
1 Leipziger Klafter = 3 Ellen   = 1,699 m

Leipziger Baufuß:
1 Fuß = 12 Zoll = 144 Linien = 0,28319 m
1 Zoll   = 2,3599 cm
1 Linie   = 1,9666 mm
Diese Maße werden in der amtlichen sächsischen
Umrechnung als Sächsische Maße bezeichnet.

Leipziger Ratsmaß:
1 Fuß = 12 Zoll   = 0,282 m
1 Zoll   = 2,355 cm
1 Linie   = 1,96 mm
Die Rute wird zu 12 (gewöhnlich), 16 (sächsische
Landrute) und 20 (Amt Camburg) Ratsfuß gerechnet.

1 Rute   = 12 Fuß   = 3,39180 m
1 Rute   = 16 Fuß   = 4,52240 m
1 Rute   = 20 Fuß   = 5,663 m
1 Schachtrute   = 9,084 m

Sachsen-Altenburg

Flächenmaße:
    1 Acker = 200 Quadratruten   = 64,431 a (um 1810)
                                                       = 6415,73 Quadratmeter
    1 Quadratrute   = 32,08 Quadratmeter

Gewichtsmaße:
    1 Zentner   = 100/102 Pfund   = 50,394 kg
    1 Pfund   = 467,625 g

Hohlmaße (trocken):
  Getreidemaße:
    1 Malter   = 2 Scheffel   = 4 Siebmaß
                  = 8 Viertel   = 12 Strich
                  = 32 Metzen   = 128 Mäßchen
    1 Sippmaß   = 36,64 l
    1 Scheffel   = 14 Maß   = 146,56 l
    1 Maß   = 10,4721 l
    1 Sack   = 110,2 l (1850)

Hohlmaße (naß):
    1 Eimer   = 60 Kannen   = 120 Nösel
                                            = 68,7 l
    1 Tonne Bier = 1,5 Eimer   = 103 l

Körpermaße:
    1 Kubikelle   = 0,18 cbm
    1 Kubikfuß   = 0,02 cbm
    1 Kubikzoll   = 0,13 cbm
    1 6/4ellige Klafter Holz   = 108 Kubikfuß
                                             = 2,45 cbm

1 8/4ellige Klafter Holz		= 144 Kubikfuß
		= 3,27 cbm

Längenmaße:

1 Meile	= 1600 Ruten	= 9062,08 m	
1 Rute	= 10 Ellen	= 20 Fuß	= 5,663 m
1 Fuß	= 12 Zoll	= 144 Linien	= 0,283 m
1 Elle	= 2 Fuß	= 24 Zoll	= 0,566 m

Sachsen-Coburg

Flächenmaß:
  1 Acker = 28,977 a

Gewichtsmaß:
  1 Zentner = 100 Pfund

Hohlmaße (trocken):
  1 Simmer = 4 Viertel = 16 Metzen

Hohlmaß (naß):
  1 Eimer = 80 Maß

Längenmaße:

1 Feldrute	= 14 Fuß
1 Werkrute	= 14 Werkfuß
1 Waldrute	= 4,256 m (1850)

Sachsen-Gotha

Flächenmaße:

1 Acker	= 140 Quadratruten	= 2 269,9 Quadratmeter
1 Waldacker	= 160 Quadratruten	= 3 388,4 Quadratmeter
1 Hufe	= 30 Acker	= 68 079 Quadratmeter

Gewichtsmaße:

1 Zentner	= 110 Pfund	= 51,402 kg
1 Krämerpfund = 32 Lot		= 128 Quentchen
		= 467,711 g
		= 467,41g (19. Jhd.)

Hohlmaße (trocken):

Getreidemaße:

1 Malter	= 2 Scheffel	= 4 Viertel
	= 16 Metzen	= 64 Mäßchen
	= 384 Nösel (1819)	= 174,648 l
1 Viertel	= 4 Metzen	= 43,66 l
1 Mäßchen	= 6 Nösel	= 2,73 l

Hohlmaße (naß):

Flüssigkeitsmaße:

1 Seidel	= 0,606 l (1850)
1 Muid = 3 Oxhoft zu 3 Eimern	= 654,3 l
1 Eimer	= 72,77 l
1 Kanne = 2 Maß zu 2 Nösel	= 1,82 l
1 Nösel	= 0,45 l

Weinmaße:

1 Fuder Wein		= 12 Eimer	= 872,4 l
1 Eimer	= 2 Anker	= 40 Kannen	
	= 80 Maß	= 160 Nösel	

Branntweinmaße:

1 Faß = 110 Kannen

Biermaße:

1 Last	= 12 Tonnen	= 288 Stübchen
		= 572 Kannen

Körpermaße:

1 Kubikfuß	= 0,02 cbm
1 Kubikzoll	= 0,13 cbm
1 Schachtrute bei 14 Zoll	= 4,66 cbm
1 Schachtrute bei 16 Zoll	= 6,09 cbm
1 Steinrute bei 14 Zoll	= 9,32 cbm
1 Werkrute bei 16 Zoll	= 12,18 cbm
1 Klafter Holz	= 2,4 cbm

Längenmaße:

1 Chausseemeile		= 7,421 km (1850)
1 Elle	= 2 Fuß	= 0,562 m
1 Fuß		= 0,281 m
		= 0,288 m (1850)
1 Lachter		= 1,969 m
1 Rute	= 13 Zoll	= 3,657 m
1 Zoll als Ellenmaß		= 0,234 m
1 Zoll als Baumaß		= 0,237 m
1 Baufuß	= 12 Zoll	= 0,288 m
1 Feldrute	= 14 Zoll	= 4,027 m
1 Waldrute	= 16 Zoll	= 4,602 m

Raummaß:

1 Karren für Kies = 2,465 cbm

Sachsen-Meiningen

Flächenmaße:
    1 Nürnberger Acker   = 160 Quadratruten
                                     = 2897,65 Quadratmeter

Gewichtsmaße:
    1 Nürnberger Zentner = 105 Pfund = 51 kg
    1 Pfund   = 510,55 g

Hohlmaße (trocken):
    Getreidemaße:
    1 Malter   = 4 Metzen   = 8 Maß
                = 16 Kärtchen   = 167,1 l
    1 Metze   = 5,22 l

Hohlmaße (naß):
    Flüssigkeitsmaße:
    1 Tonne (Ohm)   = 2 Eimer   = 128 Schenkmaß
                   = 256 Kärtchen   = 64,5 l   (1850)
                                     = 147,07 l
    1 Eimer   = 73,54 l

Körpermaße:
    1 Klafter Holz = 13,5 Kubikellen = 2,37 cbm
    1 Meininger Normalklafter   = 3,27 cbm
                                     = auch 2,86 cbm
Längenmaße:
    1 Rute   = 16 Fuß   = 14 Nürnberger Fuß
    1 Linie   = 2,18 mm
    1 Elle   = 55,801 cm
    1 Vermessungsfuß   = 12 Zoll   = 30,4 cm
    1 Holzfuß   = 12 Zoll   = 28,30 cm
    1 Baurute   = 12 Fuß   = 3,508 m
    1 Stadtrute   = 3,617 m

Sachsen-Weimar-Eisenach

Flächenmaße:

    1 Acker   = 140 Quadratruten = 2 849,71 Quadratmeter

    1 Quadratruten   = 20,36 Quadratmeter

Gewichtsmaße:

    1 Krämerpfund = 32 Lot = 128 Quentchen = 467,63 g

    1 Apothekergewicht   = 350,783 g

    1 Zentner   = 5 Steine   = 110 Pfund

                                    = 51,439 g

    1 hl Weizen   = 78 kg

    1 hl Roggen   = 73 kg

    1 hl Gerste   = 64 kg

    1 hl Hafer   = 45 kg

Hohlmaße (trocken):

    1 Scheffel   = 4 Viertel   = 75,29 l

    1 Metze   = 5 Maß   = 10 Nösel   = 4,71 l

    1 Maß   = 0,94 l

    1 Nösel   = 0,47 l

Hohlmaße (naß):

    1 Eimer = 72 Ohmmaß auch Kannen = 80 Schenknösel

                                    = 71,71 l

    1 Schenkmaß = 2 Schenknösel   = 0,90 l

    1 Seidel   = 0,60 l

Körpermaße:

    1 Kubikfuß   = 0,02 cbm

    1 Kubikzoll   = 0,13 cbm

    1 Kubikrute   = 0,92 cbm

    1 Waldklafter   = 2,829 cbm

Längenmaße:
  1 Chausseemeile   = 7363 m
  1 Elle   = 2 Fuß   = 56,4 cm
  1 Fuß   = 12 Zoll   = 28,2 cm
  1 Klafter   = 6 Fuß   = 1,69 m
  1 Lachter   = 2 m
  1 Rute   = 16 Fuß   = 4,51 m

Sachsen - Weimar

Gewichtsmaße:
  1 Leipziger Zentner = 5 Steine   = 110 Pfund

Hohlmaße (trocken):
  1 Malter = 2 Scheffel = 8 Viertel = 32 Metzen
           = 160 Maß   = 320 Nösel

Hohlmaße (naß):
  1 Faß = 2 Viertel = 4 Tonnen = 300 Kannen = 600 Nösel
  1 Pfund   = 467,627 g
                                    = 467,41 g (vor 1810)
                                    = 467,41 g (nach 1810)

Längenmaße:
  1 Chausseemeile   = 7,363 km (1850)
  1 Rute = 10 neue Vermessungsfuß = 16 alte Fuß
  1 Fuß   = 28,198 cm (1810)

Salzungen

Hohlmaße (trocken):
  Getreidemaße wie Fulda.

Hohlmaße (naß):
1 Eimer	= 36 Kannen	= 72,9 l
1 Kanne	= 2 Maß	= 2,025 l
1 Maß	= 2 Kärtchen	= 1,0125 l
1 Kärtchen		= 0,506 l

Längenmaß:
1 Leipziger Elle	= 0,566 m

Weitere Maße siehe Altenstein, Breitungen und Liebenstein.

Sand (früheres Amt)

Getreidemaße, Amt Sander Gemäß:

1 Malter oder Scheffel = 8 Maß	= 182,13 l
1 Maß	= 2 Metzen	= 22,767 l
1 Metze	= 4 Viertel	= 11,384 l
1 Viertel		= 2,846 l

Schalkau (Vormaliges Amt)

Hohlmaße (trocken):
    Wintermaße:
        1 Schalkauer Simmer = 4 Viertel = 93,576 l
        1 Viertel = 4 Metzen   = 23,394 l
        1 Metze   = 5,848 l

    Sommermaße:
        1 Simmer   = 114,52 l
        1 Viertel   = 28,631 l
        1 Metze   = 7,157 l

Hohlmaße (naß):
    1 Eimer   = 64 Eichmaß   = 72 Schenkmaß
                            = 60,16 l
    1 Eichmaß = 2 Kärtchen   = 0,94 l
    1 Schenkmaß   = 0,916 l
    1 Kärtchen   = 0,458 l

Längenmaße:
    1 Schalkauer Elle.   = 0,595 m
    In Siegmundsburg und im Kirchspiel Effelder gilt die
    Sonneberger Elle.

Weitere Maße siehe Coburg und Nürnberg.

Schaumburg

(Amts-)Bodengemäß, mitunter auch nur „Gemäß" für Getreide, üblich in einem Teil des Amtes Königsee.
    1 Scheffel   = 161,4723 l

Schleiz

Bruchsteinmaße:
      1 Schachtrute (6 Ellen lang, 3 Ellen breit, 1,5 Ellen hoch)
                                                = 4,8778 cbm

Flächenmaße:
      1 Quadratelle (Baumaß)   = 0,319576 qm

Bei Privatmessungen:
      1 Scheffel = 160 Quadratfuß Leipziger Maß
                                             = 32,6886 a

Holzmaße:
      1 Klafter (6,5 Fuß Weite, 6,5 Fuß Höhe,
             3,5 Fuß Scheitlänge)   = 3,3394 cbm
      1 Klafter (6 Fuß Weite, 7 Fuß Höhe, 3,5 Fuß Scheitlänge)
                                           = 3,3196 cbm
      1 Klafter (6 Fuß Weite, 6 Fuß Höhe, 3 Fuß Scheitlänge)
                                         = 2,4389 cbm

Körpermaße:
      1 Scheffel = 4 Viertel = 224 Kannen = 192,6 l (1859)
                                           = 50 l (ab 1871)

      1 Eimer = 72 Kannen   = 61,83 l
      1 Viertel Getreidemaß = 56 Kannen = 2 Achtel = 48,09 l
                                       = 4 Maß zu 2 Metzen
      1 Kanne = 3/4 Preuß. Quart   = 0,8588 l

Längenmaße:
      1 Leipziger Elle   = 0,565311 m

Weitere Maße siehe (Bergmaß) Gera, Lobenstein, Hirschberg, Saalburg und Tanna.

Schleusingen

Getreidemaße:
    a) Kornmaße:

1 Malter = 8 Achtel	= 187,999 l
1 Achtel = 4 Metzen	= 23,4999 l
1 Metze	= 5,8749 l

    b) Hafermaße:

1 Malter	= 210,80 l
1 Achtel	= 26,351 l
1 Metze	= 6,589 l

Schmalkalden

Getreidemaße:

1 Malter = 8 Achtel	= 163,417 l
1 Achtel = 4 Metzen	= 20,427 l
1 Metze	= 5,106 l

Schulpforta

Siehe Leipzig.

Schwarzburg-Rudolstadt

Gewichtsmaße:
    1 Pfund   = 467,2 g

    1 hl Weizen   = 152 Pfund = 76 kg
    1 hl Roggen   = 144 Pfund = 72 kg
    1 hl Gerste   = 124 Pfund = 62 kg
    1 hl Hafer   = 84 Pfund = 42 kg
    1 Elle   = 56,5 cm (1850)

Schwarzburg-Rudolstadt/Oberherrschaft

Flächenmaße:
    1 Acker = 160 Quadratruten   = 32,619 a
                                      = 3262,6 Quadratmeter

Gewichtsmaß:
    1 Pfund   = 467,214 g (vor 1837)

Hohlmaße (trocken):
    1 Marktscheffel bei 16 Metzen = 189,33 l
           1 Metze   = 11,83 l
           1 Nösel   = 0,59 l
    1 Bodenscheffel bei 16 Metzen = 179,85 l
           1 Metze   = 11,24 l
           1 Nösel   = 0,56 l
    Getreidemaße:
    1 Scheffel = 8 Achtel = 16 Metzen = 384 Nösel
           = 187,392 l (1850)   = 50 l (ab 1871)
    1 Maß   = 0,836 l
    1 Nösel   = 0,488 l

Hohlmaße (naß):
    Flüssigkeitsmaße:

1 Eimer (auch Unterherrschaft)		= 36 Kannen = 72 Maß
		= 144 Nösel
1 Ohmkanne		= 7,485 l (1850)

    Branntweinmaße (auch Unterherrschaft):

1 Faß	= 3 Eimer	= 54 Sübchen
		= 216 Maß

    Biermaße (auch Unterherrschaft):

1 Eimer	= 9 Ohmkannen	= 72 Maß

Längenmaße:

1 Elle	= 2 Fuß	= 56,5 cm
1 Rute	= 14 Fuß	= 16 Leipziger Fuß
1 Fuß (andere Quelle auch 24,719 cm)		= 28,25 cm
1 Elle = 2 Fuß		= 56,4 cm
1 Fuß		= 28,2 cm
1 Rute		= 4,51 m

Raummaß:

1 Klafter	= 2,427 cbm (1850)

Schwarzburg-Rudolstadt/Unterherrschaft

Flächenmaße:

1 Acker	= 36,688 a (1840)
(Nordhäuser Maß)	= 2771,6 Quadratmeter

Gewichtsmaß:

1 Pfund	= 467,214 g (vor 1837)

108

Hohlmaße (trocken):

Getreidemaße:

1 Marktscheffel = 12 Scheffel = 48 Viertel = 96 Metzen
= 192 Mäßchen = 547,6 l = 547,58 l

1 Scheffel = 45,632 l (1850)
= 50 l (ab 1871)

1 Viertel = 3 Metzen = 11,41 l
1 Mäßchen = 3,80 l

Hohlmaße (naß):

1 Faß = 4 Tonnen = 114 Stübchen
= 997,08 l

1 Stübchen = 2 Kannen = 4 Maß = 8,76 l
1 Maß = 2,19 l
1 Tonne = 249,27 l

Weinmaß:
1 Maß = 1,403 l

Flüssigkeitsmaße:
1 Nösel = 0,702 l
1 Ohmkanne = 11,224 l (1850)

Längenmaße:
1 Rute = 14 Vermessungsfuß = 10 Feldfuß
= 100 Zoll

1 Fuß = 28,25 cm (1840)
1 Feldfuß = 62,4 cm
1 Werkfuß = 29,3 cm
1 Elle = 55,5 cm

Raummaß:
1 Klafter = 2,832 cbm (1850)

Siegmundsburg

Elle wie Sonneberg. Sonst wie Schalkau.

Sondershausen

Hohlmaße (trocken):
    1 Scheffel alten Sondershäuser Gemäßes
          (vor 1846)   = 48,2702 l
          (1774 für Roggen) = 45,445 l
          (1774 für Hafer) = 48,27 l

Hohlmaße (naß):
    1 Eimer = 36 Kannen   = 61,83 l
    1 Kanne = 2 Maß   = 1,7175 l
    1 Maß   = 2 Nösel   = 0,8588 l
    1 Nösel   = 0,4294 l
    1 Metze   = 11,361 l (1774)

Holzmaße:
    1 Klafter = 144 Kubikfuß   = 3,27 cbm
    1 Klafter = 126 Kubikfuß   = 2,863 cbm
    1 Malter = 64 Kubikfuß   = 1,45 cbm

Mitunter sind auch Mühlhäuser oder Nordhäuser Maße für Länge, Fläche und Holz gebräuchlich. Der Schwarzburger Morgen entspricht dem preußischen Morgen.

Schwarzburg-Sondershausen

Gewichtsmaße:
    1 hl Weizen = 155,5 Pfund   = 77,75 kg
    1 hl Roggen = 149,2 Pfund   = 74,6 kg
    1 hl Gerste = 131 Pfund   = 66,5 kg
    1 hl Hafer = 94,18 Pfund   = 47,09 kg
    1 Arnstädter Maß mit 146,56 l:
        = 111,66 kg Gemangkorn
        = 109,33 kg Roggen
        = 96,00 kg Gerste
        = 69,00 kg Hafer

Hohlmaße (trocken):
    1 Achtel   = 17,19 l (um 1840)
    1 Malter   = 727,1 l (1850)
    1 Scheffel   = 48,2702 l (vor 1846)
        = 45,445 l (1774 für Roggen)
        = 48,27 l (1774 für Hafer)

Hohlmaße (naß):
    Branntweinmaße:
    1 Kanne   = 1,948 l (1850)
    1 Nösel   = 0,496 l (1850)

    Biermaße:
    1 Kanne   = 1,804 l (1850)
    1 Maß   = 0,902 l (1850)

Längenmaß:
    1 Elle   = 66,7 cm (1850)

Schwarzburg-Sondershausen/Unterherrschaft

Flächenmaß:
    1 Acker   = 18,773 a (1845)

Getreidemaße:
    1 Malter   = 16 Scheffel   = 64 Metzen

Hohlmaße (naß):
    1 Kanne   = 2 Maß   = 4 Nösel

Schwarzburg-Sondershausen/Oberherrschaft

Flächenmaß:
    1 Acker   = 25,027 a (1850)

Raummaß:
    1 Klafter   = 2,8 cbm (1811)

Sonneberg

Hohlmaße (trocken):
    In der Stadt Sonneberg: Coburger Marktgemäß.

    Im Amt Sonneberg (ohne Amt Schalkau und Neuhaus):
        Wintermaß:
        1 Simmer   = 4 Viertel   = 99,056 l
        1 Viertel   = 4 Metzen   = 24,764 l
        1 Metze   = 6,191 l

Sommermaße:
    1 Simmer = 112,96 l
    1 Viertel = 28,24 l
    1 Metze = 7,06 l

Hohlmaße (naß):
    1 Eimer = 72 Schenkmaße = 72,961 l
    1 Schenkmaß = 2 Kärtchen = 1,013 l
    1 Kärtchen = 0,506 l
    1 Milchmaß = 1,573 l

Längenmaße:
    1 Sonneberger Elle = 2 Nürnberger Schuh = 60,7 cm

Stadtilm

Hohlmaße (trocken):

Stadtilmer (Ilmer) oder Königseer Marktgemäß:
    1 Scheffel = 4 Viertel = 146,5653 l
    1 Viertel = 16 Metzen = 36,6413 l
    1 Metze = 20 Nösel = 9,1603 l
    1 Nösel = 0,458 l

Stadtilmer (Ilmer) (Amts-) Bodengemäß:
    1 Scheffel = 180,68 l
    1 Stadtilmer Bodenscheffel = 147,68 l
    1 Viertel = 37,0439 l
    1 Metze = 9,261 l
    1 Nösel = 0,463 l

Stadtlengsfeld

Siehe Lengsfeld.

Stadtroda

Hohlmaße (trocken):
1 Scheffel = 4 Viertel	= 185,494983 l
1 Viertel = 16 Maß	= 46,373746 l
1 Maß	= 11,593436 l

1 Kanne = 1 Orlamünder Kanne zu 55 1/3 preuß.
Kubikzoll = 0,9541923 l

Hohlmaße (naß):
1 Kanne zu 48 Preuß. Kubikzoll = 0,858773 l

Weitere Maße wie Altenburg.

Suhl

Hohlmaße (trocken):
Kornmaße:
1 Suhler Malter = 8 Achtel	= 195,024 l
1 Achtel = 4 Metzen	= 24,378 l
1 Metze	= 6,095 l

Hafermaße:

1 Malter	= 216,128 l
1 Achtel	= 27,016 l
1 Metze	= 6,754 l

Sülzfeld

Hohlmaße (trocken):

Wintermaße:

1 Sülzfelder Scheffel = 4 Metzen	= 120,467 l
1 Scheffel = 2 Maß	= 30,117 l
1 Maß	= 15,05 l
1 Viertel	= 7,529 l
1 Eichkanne	= 1,255 l

Sommermaße:

1 Scheffel	= 180,68 l
1 Metze	= 45,172 l
1 Maß	= 22,586 l
1 Viertel	= 11,293 l
1 Eichkanne	= 1,882 l

Tanna

Längenmaße:

1 Elle	= 56,5 cm (1850)

Die Maße von Fuß und Rute, sowie die Flächen- und Bergmaße von Gera. Die Maße von Elle, sowie die Holz- und Bruchstein-maße von Schleiz.

Tauschwitz

Wie Breternitz.

Themar

Längenmaß:
    1 Themarer Elle   = 57 cm

Hohlmaße (trocken):
    Wintergemäß:
        1 Themarer Malter = 8 Achtel   = 190,696 l
        1 Achtel   = 4 Metzen = 23,837 l
        1 Metze   = 5,959 l
    Sommergemäß:
        1 Malter   = 216,928 l

Holzmaße:
    1 Klafter (= 144 Kubikfuß Leipziger Maß):
    1 Fuß   = 0,283 m
                        = 3,27 cbm

Weitere Maße siehe Coburg und Meiningen.

Tiefenort

Die Holzmaße wie Eisenach und die Hohlmaße wie Craienberg und Frauensee. Weitere Maße siehe auch Weimar.

Utenbach

Wie Jena, nur 1 Utenbacher Zinskanne = 0,83 l

Vacha

1 Vachaer Amtsmetze	= 11,53 l
1 Vachaer Schoppen	= 0,48 l
1 Vachaer Handelselle	= 0,57 m

Sonst wie Eisenach, jedoch rechnet man in den vormals hessischen Gemeinden der Rhön vielfach nach der hessischen Klafter.

1 hessische Klafter = 3,560682 cbm

Mitunter wird auch Fuldaisches Maß verwendet.
Der kurfürstlich hessische Acker = 150 Quadrat-Katasterruten = 0,2386 ha

Vierzehnheilingen

Getreidemaß siehe Jena und die weiteren Maße wie Camburg.

Wächterswinkel

1 Wächterswinkler Schenkmaß = 1,04 l

Wasungen

Hohlmaße (naß):
    siehe Nürnberg für das Amt.
    Normalgemäß der Stadt Wasungen:

1 Eimer = 64 Eichmaß	= 74,656 l
1 Eimer = 72 Schänkmaß	= 75,6 l
1 Eichmaß	= 1,1665 l
1 Schenkmaß	= 1,05 l

Holzmaße (sowie einige andere Maße) wie in Meiningen. Andere Maße siehe auch Sand.

Weida

Hohlmaße:

1 Weidaer Scheffel	= 4 Viertel	= 112,94 l
1 Weidaer Viertel	= 4 Metzen	= 28,23 l
1 Weidaer Metze		= 7,06 l

Feldmaße:

1 Morgen	= 300 Quadratruten	= 0,276712 ha
1 Acker	= 2 Morgen	= 0,5534 ha

Meist das sächsische, Dresdener oder Leipziger Maß bis 1815. Andere Maße siehe Leipzig.

Weimar

Flächenmaße:

100 Weimarer Quadratfuß	= 7,95 qm
100 Weimarer Quadratellen	= 31,80 qm
1 Weimarer Quadratrute	= 20,36 qm
1 Weimarer Quadratzoll	= 5,5 qm
1 Acker = 140 Quadratruten	= 28,497 a (1810)

Gewichtsmaße:

1 Lot	= 14,616 g (vor 1872)
1 Zentner	= 51,468 kg (1810)

Hohlmaße (trocken):

1 Weimarer Scheffel = 4 Viertel	= 75,29 l
1 Weimarer Viertel = 4 Metzen	= 18,82 l
1 Weimarer Metze = 5 Maß	= 4,706 l
1 Weimarer Marktmaß	= 0,94 l
(0,911 l 1850 und 0,941 l vor 1810)	
1 Weimarer Marktnösel	= 0,471 l
1 Malter (Getreidemaß)	= 150,588 l

Hohlmaße (naß):

Weimarische Amtsmaße:

1 Eimer	= 80 Schenk auch 72 Ohmmaß
	= 48 Schenkmaß = 71,71 l
1 Schenkmaß	= 0,896 l (Wein 1810)
(Wein und Bier vor 1871)	= 0,916 l
1 Schenknösel	= 0,45 l
1 Seidel	= 0,60 l

Meiningische Amtsmaße:

1 Eimer = 40 Kannen = 80 Maß = 71,71 l
1 Maß   = 2 Nösel   = 0,89 l
1 Kanne   = 1,79 l
1 Nösel   = 0,44 l
1 Schenkmaß   = 0,90 l
1 Schenknösel   = 0,45 l
1 Ölmaß   = 1,046 l (1810)

Holzmaße:

1 Weimarer Waldklafter (3 Ellen breit und hoch,
    Scheitlänge 7/4 Ellen)   = 2,83 cbm.

Körpermaße:

1 Weimarer Kassenrute für Steine, Sand und dergleichen:
                              = 512 Kubikfuß
                              = 11,48 cbm

Längenmaße:

1 Weimarer Fuß   = 28,198 cm
1 Weimarer Elle   = 56,396 cm
1 Weimarer Klafter   = 1,69 m
1 Weimarer Rute   = 4,51 m
1 Weimarer Zoll   = 2,3 cm
1 Weimarer Chausseemeile   = 7363 m
                              = 7359 m (1810)
1 Weimarer Lachter   = 2 m

Raummaß:

1 Klafter   = 2,825 cbm (1810)

Zeulenroda

1 Elle	= 59,8 cm (1850 auch 58,0 cm)
1 Scheffel	= 129,333 l
1 Eimer	= 64,71 l
1 Kanne	= 0,81 l (1850 auch 0,809 l)
1 Getreidemaß	= 4,042 l (1850)

Weitere Maße siehe Greiz.

Quellenangaben

Adron, L.   Messen, wiegen, zählen. Lexikon der Maß- und Währungseinheiten, Gütersloh 1987

Bauernfeind, C.M.   Elemente der Vermessungskunde. Band 1, München 1856

Chelius, G.K.   Maß- und Gewichtsbuch, 3. Auflage, Herausgegeben von J.F.Hausschild, Frankfurt 1830

Fromm, G.   Thüringer Eisenbahnstreckenlexikon 1846 - 1992, Verlag Rockstuhl, Bad Langensalza 1996

Jauernig R.   Die alten in Thüringen gebräuchlichen Maße und ihre Umwandlung, Leopold Klotz Verlag / Gotha 1929

Klimpert, R.   Lexikon der Münzen, Maße und Gewichte, Zählarten und Zeitgrößen aller Länder der Erde, Berlin, 2. Auflage 1896

Mäurer, E.   Deutsches Maß- und Gewichtsbuch mit besonderer Berücksichtigung des metrischen Maß- und Gewichtssystems, Berlin 1901

Noback   Vollständiges Taschenbuch der Münz-, Maß- und Gewichts-Verhältnisse, der Staatspapiere, des Wechsel- und Bankwesens und der Usanzen aller Länder und Handelsplätze, Leipzig 1850

-      Reuß älterer Linie: Fürstliche Reuß-Plauisches Amts- und Nachrichtenblatt 1869, Nr. 35 (Seite 207 f.)

-      Reuß jüngerer Linie: Verordnungsblatt 1869, Seite 89, 223 und (Berichtigung) 1871, Seite 55

Rockstuhl, H.   Private Sammlung und Archiv

Rockstuhl, W.	Chronik der Gemeinde Tüngeda, 3 Bände (Von den Anfängen bis 1945), Verlag Rockstuhl 1990-1997
Rockstuhl, W.	Chronik der Bockwindmühle Tüngeda Verlag Rockstuhl 1990
-	Sachsen-Altenburg: Gesetzessammlung 1869, Seite 105 ff.
-	Sachsen-Coburg: Gesetzsammlung für das Herzogtum Coburg 1869, Seite 207 f.
-	Sachsen-Meiningen: Sammlung der Ausschreibungen der landesherrlichen Oberbehörden, 4. Band, Seite 423 ff.
-	Sachsen-Weimar-Eisenach: Regierungsblatt 1869, Nr. 14, Seite 226 ff und 1871, Seite 148
-	Schwarzburg-Rudolstadt: Gesetzessammlung 1869, Seite 34 ff.
-	Schwarzburg-Sondershausen: Gesetzsammlung 1869, Seite 75 ff.
-	Taschenbuch Archivwesen der DDR, Herausgegeben von der Staatlichen Archivverwaltung des Ministeriums des Innern der DDR, Staatsverlag der Deutschen Demokratischen Republik, Berlin 1971
-	Zeitschrift für thüringische Geschichte und Altertumskunde, Band XXII 1915, Seite 215 ff.
-	Mitteilungen des Vereins für Geschichte und Altertumskunde von Erfurt, Band XXXIV (1913)
Verdenhalven, F.	Alte Meß- und Währungssysteme aus dem deutschen Sprachgebiet, Verlag Degener & Co., 1993

Nachtrag

Um dieses Buch endgültig zu vollenden, war eine Arbeit von bald 5 Jahren notwendig. Dabei zeigten sich immer wieder zahlreiche Widersprüche, die sowohl in den verschiedenen Quellen, als auch in der staatlichen Gesetzgebung und der praktischen Anwendung der Maße begründet waren.

Wir konnten uns aber auch auf mehrere grundlegende Arbeiten wie Nobacks: „Vollständiges Taschenbuch der Münz-, Maß- und Gewichts -Vehältnisse, der Staatspapiere, des Wechsel- und Bankwesens und der Usanzen aller Länder und Handelsplätze" sowie Jauernigs: „Die alten in Thüringen gebräuchlichen Maße und ihre Umrechnung" stützen. Wir verglichen aber auch diese Angaben mit verschiedenen anderen Quellen.

Aber wir wollen versuchen, dieses Buch weiter zu verbessern.

Wir bitten daher alle Chronisten und Heimatforscher, die in ihrer Region Widersprüche zu den in diesem Buch aufgeführten Zahlen finden, uns dies mitzuteilen.

Dazu benötigen wir aber die genaue Quellenangabe und die notwendigen Fakten. Sollte es zu einer Nachauflage kommen, wollen wir diese Angaben gern mit entsprechender Quellenangabe berücksichtigen. Richten Sie bitte Ihren Brief oder Ihre Nachricht an folgende Adresse: Verlag Rockstuhl, Lange Brüdergasse 12, D-99947 Bad Langensalza.

Juli 1997   Harald Rockstuhl

VERLAG 🌲 ROCKSTUHL

LANGE BRÜDERGASSE 12　D-99947 BAD LANGENSALZA
TELEFON: 03603 / 812246 TELEFAX: 03603 / 812247
E-Mail: Thueringer.Literaturversand@t-online.de
http://**www.th-online.de/firmen/verlag-rockstuhl**

ISBN	Autor	Titel	Preis
3-929000-00-8	Rockstuhl, Werner	Tüngedaer Feuerwehrbuch	5,90 DM
3-929000-02-4	Keil, Heinz	Das hät mech Gruaßvoater arzählt	9,90 DM
3-929000-03-2	Keil, Heinz	Heimatklänge/Lieder aus Burgtonna	5,90 DM
3-929000-04-0	Giese, Adolf	Die Furthmühle / Geschichte einer Wassermühle	5,90 DM
3-929000-10-5	Giese, Adolf	Oesterbehringer Sagen	8,50 DM
3-929000-22-9	Giese, Adolf	Flachsbearbeitung in Thüringen	9,90 DM
3-929000-11-3	Rockstuhl, Werner	Chronik der Bockwindmühle Tüngeda	9,90 DM
3-929000-13-x	Rockstuhl, Werner	Chronik der Gemeinde Tüngeda (1) bis 1613	14,90 DM
3-929000-38-5	Rockstuhl, Werner	Chronik der Gemeinde Tüngeda (2) 1613-1871	14,90 DM
3-929000-74-1	Rockstuhl, Werner	Chronik der Gemeinde Tüngeda (3) 1871-1933	14,90 DM
3-929000-15-6	Giese/Schmidt	Friede Paulmann, ein wackerer Friedrichswerther	5,90 DM
3-929000-16-4	Meldau, Otto	Chronik der Gemeinde Wiegleben 1928-1985	9,90 DM
3-929000-30-x	Autorengruppe	Chronik der Gemeinde Molschleben	9,90 DM
3-929000-17-2	Brumme, Franz	Chronik Friedrichswerth (1) Die Gemeinde	9,90 DM
3-929000-36-9	Brumme, Franz	Chronik Friedrichswerth (2) Adelsgeschlecht Erffa	14,90DM
3-929000-37-7	Brumme, Franz	Chronik Friedrichswerth (3) Das Schloß	14,90 DM
3-929000-18-0	Rockstuhl, Harald	Langensalzaer Dekameron	9,90 DM
3-929000-19-9	Langlotz, Kurt	Sonneborner Chronik 785-1985	9,90 DM
3-929000-25-3	Pejas, Irmgard	Lustige Thamsbrücker Geschichten	8,90 DM
3-929000-28-8	Wolff, Georg	Mühlhüsches Schingeleich (Mundartbuch)	12,00 DM
3-929000-35-0	Rockstuhl, Harald	Inhaltsverzeichnis „Der Pflüger" 1924-1931	12,00 DM
3-929000-61-x	Rockstuhl, Harald	Inhaltsverzeichnis „Das Fähnlein" 1932-1943	12,00 DM
3-929000-39-3	Bötzinger, Martin	Leben und Leiden während des Dreißigen Krieges	9,90 DM
3-929000-42-3	Rockstuhl,Harald	Holzmacher im Hainich - Spuren eines Liedes	5,90 DM
3-929000-46-6	Rockstuhl,Harald	Mühlhausen - Auswanderung nach Amerika	12,00 DM
3-929000-68-7	Autorengruppe	Vogtei - Auswanderung nach Amerika	12,00 DM
3-929000-48-2	Rockstuhl, Harald	Eichsfeld - Auswanderung nach Amerika	8,90 DM
3-929000-49-0	Rockstuhl, Harald	Hainich-Runst (1) 1883-1899	12,00 DM
3-929000-50-4	Rockstuhl, Harald	Hainich-Runst (2) 1928-1942	12,00 DM
3-929000-52-0	-	Straßennummerierung von Langensalza 1879	6,50 DM
3-929000-53-9	Otte/Sommer	Kunstdenkmäler Kreis Langensalza 1879	39,90 DM
3-929000-54-7	Otte/Sommer	Kunstdenkmäler Kreis Weißensee 1882	39,90 DM
3-929000-60-1	Lehfeld, P.	Kunstdenkmäler Kreis Sonneberg 1899	39,90 DM
3-929000-55-5	Philippi, Nikolaus	Zollgeschichte von Erfurt, Gotha und Eisenach	12,00 DM
3-929000-56-3	Freytag, Gustav	Dreißigjährige Krieg - Die Geistlichen (1)	9,90 DM
3-929000-57-1	Freytag, Gustav	Der deutsche Bauer	9,90 DM
3-929000-58-x	Pechauf, Gustav	Sonneberg - Lebensweg meiner Mutter	8,50 DM
3-929000-63-6	Schreiber, H.-W.	Sitte und Brauch in Thüringen im Jahreslauf (1)	12,00 DM
3-929000-64-4	Schreiber, H.-W.	Sitte und Brauch in Thüringen im Lebenslauf (2)	12,00 DM
3-929000-73-3	Franke, Hartmut	Abenteuer Aconcagua	9,80 DM
3-929000-75-x	Rockstuhl, W. u. H.	Handbuch alter Thüringischer, Sächsischer, Preußischer, Mecklenburgischer Maße	24,80 DM
3-929000-76-8	Binhard, Johan	Thüringer Chronika 1613	98,00 DM
3-929000-82-2	Utha Herta	Regenbogen so bunt wie das Leben	12,80 DM
3-929000-91-1	Rockstuhl, Harald	Chronik von Ufhoven und seiner Burg	39,80 DM
3-929000-92-x	Rümpler, Carl	Das Magdkreuz im Hainich	8,90 DM
3-929000-99-7	Oehmer, Hubert	Nette Kleinigkeiten / Musikkassette-Hainichlieder	14,80 DM

Preisänderungen vorbehalten. Stand August 1997

HISTORISCHE LANDKARTEN
IM REPRINT AUS DEM VERLAG ROCKSTUHL

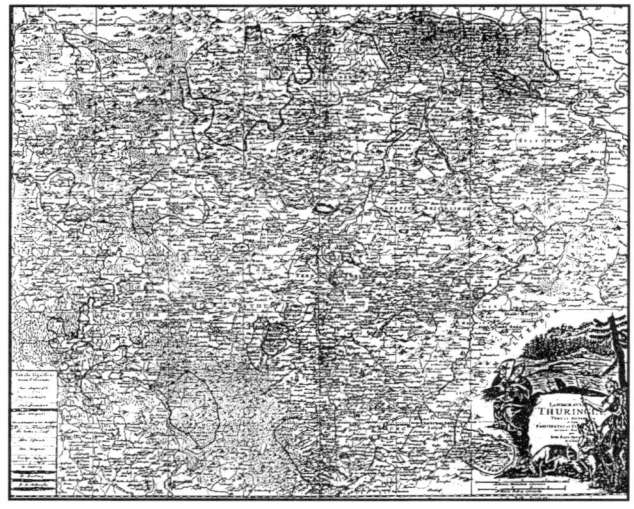

Thüringen Tabula 1729 *von Johann Baptist Homann. Bestellnummer ISBN 3-929000-70-9 (gerollt) und 3-929000-65-2 (gefaltet). Preis: 24,80 DM, (48 x 57 cm).*

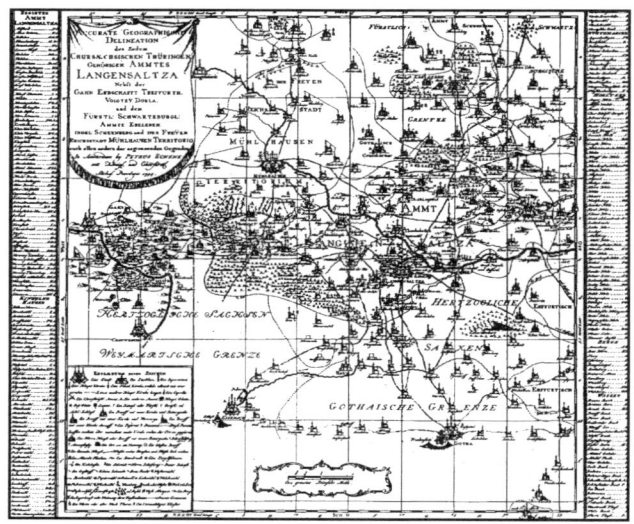

Amt Langensalza, Erbschafft Treffurth, Voigtey Dorla, Ammte Ebeleben und Reichsstadt Mühlhausen 1754 *von Peter Schenk, Bestellnummer: ISBN 3-929000-66-0 (gefaltet) und 3-929000-71-7 (gerollt). Preis: 24,80 DM, (48 x 57 cm)*

126

Historische Landkarten
im Reprint aus dem Verlag Rockstuhl

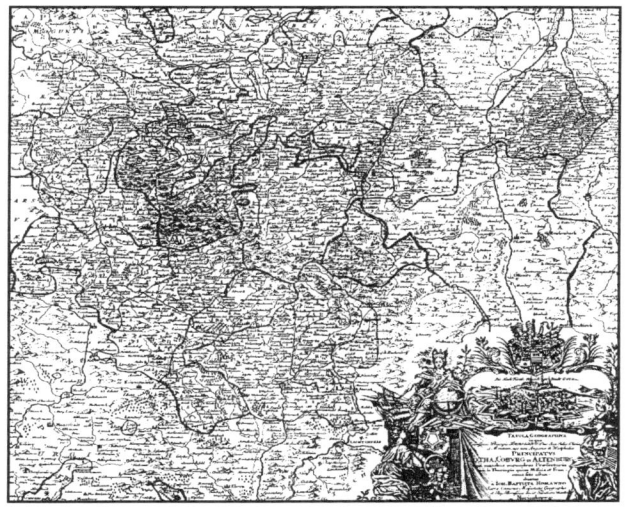

Tabula Geographica Gotha, Covburg Et Altenburg 1729 *von Johann Baptist Homann. Bestellnummer: ISBN 3-929000-77-6 (gefaltet) und 3-929000-78-4 (gerollt). Preis 24,80 DM, (48 x 57 cm).*

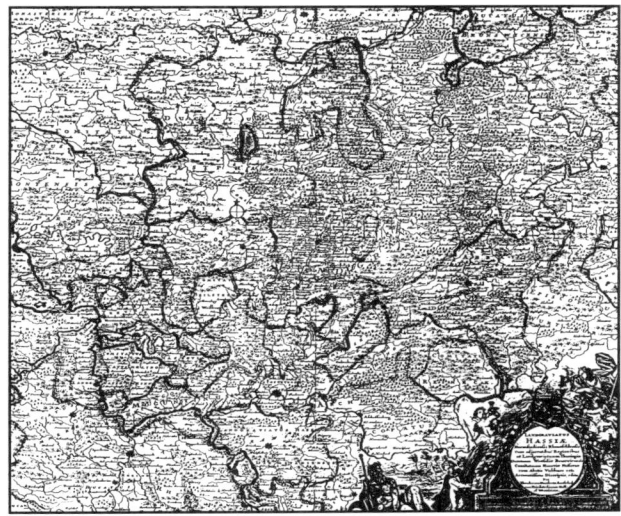

Landgraviatus Hessiae 1696 *von Theodorum Danckert. Bestellnummer: ISBN 3-929000-79-2 (gefaltet) und 3-929000-80-6 (gerollt). Preis: 29,80 DM, (48 x 57 cm).*

VERLAG ROCKSTUHL

LANGE BRÜDERGASSE 12 D-99947 BAD LANGENSALZA
TELEFON: 03603 / 812246 TELEFAX: 03603 / 812247
E-Mail: Thueringer.Literaturversand@t-online.de
http://**www.th-online.de/firmen/verlag-rockstuhl**

ISBN 3-929000-	Autor	Titel	Preis
32-6	Fromm, Günter	Langensalzaer Kleinbahn AG 1913-1967	19,50 DM
09-1	Fromm, Günter	Bahnlinie Bufleben-Großenbehringen	8,50 DM
12-1	Schmidt, Kurt	Die Nessetalbahn	12,00 DM
14-8	Fromm, Günter	Obereichsfelder Kleinbahn 1913-1947	19,90 DM
21-0	Fromm, Günter	Eisenbahnen um Langensalza	14,90 DM
23-7	Fromm, Günter	Kanonenbahn- Strecke Leinefelde-Eschwege	14,90 DM
24-5	Fromm, Günter	Eisenbahnen in Thüringen/ Daten und Fakten	17,50 DM
20-2	Fromm, Günter	Zweigbahn Gotha- Langens.-Mühlh.-Leinefelde	19,90 DM
86-5	Fromm, Günter	Geschichte der Thüringischen Eisenbahn	32,00 DM
31-8	Fromm, Günter	Weimar-Rastenberger Eisenb./Buchenwaldbahn	22,90 DM
27-x	Fromm, Günter	Der Eisenbahnknoten Ebeleben	27,90 DM
40-7	Fromm, Günter	Treffurt und seine Eisenbahn	48,00 DM
33-4	Fromm, Günter	Thüringer Eisenbahnstreckenlexikon 1846-1992	39,90 DM
41-5	Fromm, Günter	Rennsteigbahn Rennsteig-Frauenwald	39,80 DM
34-2	Buhler, Martin	Geschichten von der Berk'schen Bimmelbahn	8,90 DM
69-5	-	Eisenbahn Bau- und Betriebsordnung 1928	19,80 DM
81-4	-	Betriebsordnung 1960 - Rennsteig-Frauenwald	8,90 DM
87-3		**Altestes Eisenbahnbuch Thüringens von 1850 im Reprint:**	
		Malerisches Album der Thüringischen Eisenbahn	39,80 DM
29-6	(Reprint 1850)	Was thut der Thüringischen Eisenbahn noth?	19,80 DM
96-2	-	Betriebsordnung 1903 Fröttstädt-Georgenthal	8,90 DM
95-4	Fromm, Günter	Geschichte Oberweißbacher Bergbahn	19,80 DM
62-8	-	Geschichte der Ruhlaer Eisenbahn 1880-1967	39,80 DM

HISTORISCHE RBD-LANDKARTEN VON 1934/39
IM VIERFARBDRUCK

 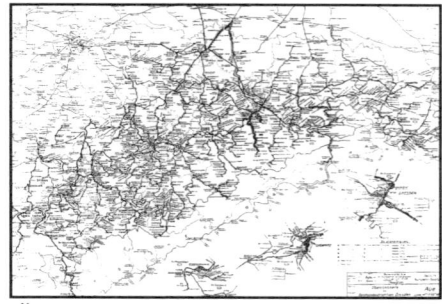

Übersichtskarte Rbd Erfurt 1939
- gefaltet -   3-929000-67-9   Preis: 29,80 DM
- gerollt -   3-929000-72-5   Preis: 29,80 DM
Größe: 53 x 77 cm

Übersichtskarte Rbd Dresden 1934
- gefaltet -   3-929000-84-9   Preis: 29,80 DM
- gerollt -   3-929000-90-3   Preis: 29,80 DM
Größe: 64 x 94 cm